AF371265

Mémoires des Autres

IMPRIMERIE GÉNÉRALE A. LAHURE
9, RUE DE FLEURUS, 9

JULES SIMON

Mémoires des Autres

ILLUSTRATIONS

DE

NOËL SAUNIER

Gravées sur bois

PAR CHARPENTIÉ, MÉAULLE ET QUESNEL

Septième mille

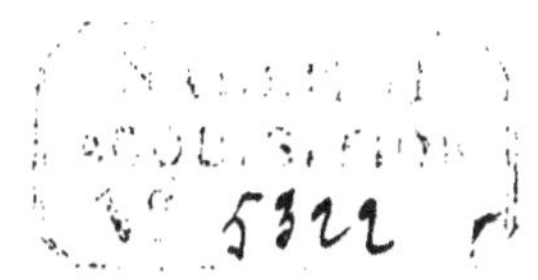

PARIS

<table>
<tr><td>ÉMILE TESTARD ET Cie
ÉDITEURS
10, rue de Condé</td><td>C. MARPON ET E. FLAMMARION
ÉDITEURS
26, rue Racine</td></tr>
</table>

1890

PRÉFACE

Tout homme politique retiré
des affaires, ou à demi retiré, comme

c'est mon cas, écrit ses *Mémoires*. Après les avoir écrits, il les brûle ou il les cache.

Il les écrit, pour se bien rendre compte à lui-même de ce qu'il a été et de ce qu'il a fait, et peut-être tout simplement en cédant au goût des vieillards pour leurs souvenirs de jeunesse.

Et il les brûle, parce que, toute réflexion faite, il ne se trouve pas un assez gros seigneur pour occuper de lui la postérité.

J'ai suivi à moitié l'exemple commun : j'ai écrit des *Mémoires*.

Et je me demande, à présent, s'il faut les brûler ou les publier.

La grande raison de les publier, c'est que je suis, sur quelques points d'histoire, en désaccord avec mes contemporains; et la grande raison de les supprimer, c'est qu'il est difficile de ne pas parler de soi dans ses *Mémoires*, et de n'y pas faire deux choses également déplaisantes : sa propre apologie et la critique du voisin. On peut dire des *Mémoires*, même les plus sincères, qu'ils sont un plaidoyer pour l'auteur et un acte d'accusation contre ses amis. Je ne sais pas encore ce que je ferai des miens.

J'en ai publié quelques extraits : *l'Affaire Nayl*, qui est tout un petit volume ; *le Collège de Vannes* ; *Un Normalien en 1832*. Il m'a semblé que ces chapitres avaient quelque intérêt et qu'ils étaient très inoffensifs.

Ceux qu'on trouvera réunis dans ce volume font bien partie de mes souvenirs ; mais ce ne sont pas mes *Mémoires*. Ce sont des événements que j'ai vus et auxquels j'ai été très peu mêlé. Ce sont, très positivement, comme mon titre le dit, les *Mémoires des autres*.

Ils ont de l'intérêt pour moi ; je ne sais pas ce qu'en pensera le public. J'ai eu quelquefois la larme à l'œil en écri-

vant l'histoire des frères Nayl, et celle
de mon pauvre cher Libert. J'ai joint à
ces souvenirs douloureux quelques anec-
dotes plus gaies, comme le voyage, si
c'est un voyage, de *Colas, Colasse et Colette*, parce qu'il faut faire comme la nature, qui sourit toujours après un orage.

Le fond de ces historiettes est parfaitement vrai. Je me suis permis quelques libertés dans les accessoires ; je
n'en ai pris aucune avec la psychologie,
et je dois convenir que rien de tout cela
ne vaudrait la peine d'être inventé. Les
lecteurs s'intéresseraient bien davantage
aux personnes que je leur présente, si je
les nommais par leurs véritables noms,
car elles sont presque toutes célèbres.
Je n'ai pas cru pouvoir le faire, à cause
des familles. Mes camarades d'enfance,
s'il en reste, et il en reste bien deux
ou trois, savent que je n'ai pas changé
le nom de M. Colasse ; mais comment

aurais-je pu dire le vrai nom des frères
Nayl ou de M. Libert?

On a cherché, dans mon entourage, à
les deviner; je laisse faire, car, après
tout, je suis l'ami de mes amis; je ne
pense d'eux que du bien, et je ne dis
d'eux que le bien que j'en pense. Mais
j'ai pris des précautions pour dépister la
curiosité. Ces *Mémoires* sont peut-être
la peinture du temps et des milieux où
j'ai vécu, mais ils ne sont le portrait de
personne. Au fond, je n'ai eu aucune
prétention en les écrivant, et j'ai voulu
surtout conserver le souvenir d'hommes
que j'ai aimés et de scènes qui m'ont ému.

J'ai un ami qui a dans sa bibliothèque
une cinquantaine de volumes, pas davantage. Ce sont ses propres écrits. Il
dit avec une singulière franchise qu'il
n'aime pas d'autres livres que ceux-là. Il
m'arrive, comme à tout le monde, de me
moquer de lui. Au fond, ce n'est peut-

être pas de la vanité ; c'est de l'amitié. Il aime ces héros dont il est le père ; il compatit à leurs douleurs ; il se réjouit de leurs joies. Il vit avec eux en famille.

Et moi, pour rester aussi en famille avec mes *Mémoires... des autres*, je les dédie à ma pauvre sainte mère. Je ne devrais pas lui dédier un livre, et vous allez en juger. La première fois que j'en fis un (il y a cinquante ans de cela), je partis de Paris pour aller la voir, le lendemain de la publication, et je jetai « mon livre » sur sa table à ouvrage. Elle le regarda et vit mon nom en grosses majuscules. « C'est toi, dit-elle, qui as fait cela ? — Oui, mère. — Et cela te rapporte de l'argent ? — Oh ! pas du tout. » Et elle, doucement : « Que tu es bête ! » Elle reprit tranquillement sa couture, après avoir rendu cet oracle.

Eh bien, oui, chère âme, vous aviez peut-être raison. Et cependant, j'ai mes raisons, à moi, de vous dédier, au bout de cinquante ans, ce petit livre, qui sera probablement mon dernier livre.

Saint-Cloud, le 16 juillet 1889.

PATRIE

PATRIE

J'avais un ami alsacien qui était maître
d'école après avoir été soldat. Il était sorti
de l'armée avec le grade de sergent-major
et la médaille militaire. Je ne sais pas comment on ne l'avait pas fait officier. Quand il
eut fini son temps de service, son colonel
lui conseilla de rester, en lui proposant de
le faire adjudant sur l'heure. Il aurait été

sous-lieutenant à la fin de l'année, et, ce premier pas franchi, qui sait ? il pouvait être un jour officier supérieur. Il ne voulut pas.

Il y avait une amourette sous roche. Étant au régiment, il échangeait des lettres avec une payse, jolie personne, honnête et bien élevée, fille du maître d'école qui avait appris à Frédérick tout ce qu'il savait. Le sergent-major renonça de bon cœur à des espérances d'avancement qui pouvaient lui apporter une désillusion ; il revint en Alsace, passa ses examens avec succès, se maria avec sa bonne amie, et obtint au bout d'un an l'école de son beau-père. Le traitement était suffisant pour des gens accoutumés à une vie modeste ; la médaille militaire rapportait une petite rente de cent francs, qui n'était pas à dédaigner, et quand il leur vint deux beaux garçons, mes amis se dirent qu'ils étaient en état de les bien élever pour la patrie.

J'étais allé, à la fin des vacances de 1869, passer deux ou trois jours à Mulhouse, chez Jean Dollfus, et je fis un crochet, en revenant de Mulhouse à Nancy, pour aller faire

à Frédérick une visite promise depuis longtemps. Ils ne m'auraient pas mieux reçu si
j'avais été leur frère. Il n'y avait pas de place
pour moi dans leur maisonnette. Je pris une
chambre dans l'auberge du village, qui était
proprement tenue à la mode du pays. Je n'y
rentrais que le soir, à l'heure de dormir,
Frédérick portant une lanterne comme pour
la ronde-major, et je passais la journée
entière avec la famille. Il avait été convenu,
après de longs débats, que je payerais ma
dépense.

— Si vous voulez me donner l'hospitalité,
leur avais-je dit, je l'accepte pour vingt-
quatre heures; mais si vous me laissez faire
à ma guise, je passerai trois semaines avec
vous.

Je n'ai jamais mangé tant de choucroute,
ni dîné de si bon appétit. Madame Frédérick ne savait faire que les deux ou
trois plats du pays ; elle les faisait très
bien, avec une propreté parfaite, et servait ses convives avec une cordialité qui
faisait le meilleur assaisonnement du repas.
Les deux garçons, l'un de quinze ans, l'autre
de treize, étaient rayonnants de santé et de

force, un peu graves, un peu lourds, mais
polis, affectueux. Il fallait voir comme tous
ces gens-là s'aimaient ! Rien que de lire
leurs sentiments dans leurs yeux, c'était pour
moi une réjouissance.

Ils n'étaient pas mal logés. On entrait par
la cour de l'école, bien munie de ses appa-
reils gymnastiques. Il y avait deux classes
contiguës, car Frédérick avait un adjoint.
Tout cela était bien entendu, et surtout très
bien tenu. La maison du maître, bâtie avant
les réformes, était très petite. On mangeait
dans la cuisine, parce que Frédérick avait
tenu à se faire un cabinet de ce qui aurait
dû être la salle à manger. Au-dessus, il y
avait deux chambres où ces quatre personnes étaient un peu à l'étroit ; et c'était
tout.

En revanche, le jardin était vaste, en plein
rapport, un des plus jolis jardins, dans son
genre, que j'aie jamais vus. On était saisi
en y entrant d'une odeur saine de fleurs et
de fruits dont l'air était embaumé. Il n'y
avait pas un pouce de terrain perdu, pas
une mauvaise herbe ; tout était sarclé, raclé,
épontillé, protégé. On y voyait les plus

belles espèces en fruits, en légumes ; des
fleurs communes, mais éclatantes et bien
venues. Tout cela faisait le plus grand honneur au jardinier, qui n'était autre que Frédérick aidé de ses deux garçons. Il y avait
au bout du jardin une tonnelle, toute tapis-
sée de chèvrefeuille et de roses remontantes,
d'où l'on découvrait une plaine bien cultivée,
et, au loin, les premières montagnes de la
chaîne des Vosges. La bourgade était tout
entière de l'autre côté de la maison, de sorte
qu'on était là comme en rase campagne. Un
petit enclos, attenant au jardin, appartenait
à madame Frédérick. C'était l'héritage pa-
ternel. Une partie, au bord d'un cours d'eau,
formait une prairie où paissait une belle
vache. Le reste produisait un peu d'orge et
de blé.

— Je suis parfaitement heureux, disait
Frédérick. Tous mes vœux sont remplis. Je
n'ai qu'à remercier Dieu et à lui demander
sa bénédiction pour la carrière de mes enfants.

Je lui demandai ce qu'il voulait en
faire.

— Soldats d'abord, me dit-il ; et tous les

deux, le plus jeune ne voulant pas entendre parler de dispense légale. Après quoi
ils seront maîtres d'école comme leur père,
ou laboureurs, à leur choix. Ils passeront
leur examen pour le brevet supérieur avant
l'appel de leur classe, et avec succès, j'en
réponds ; ce qui ne les empêche pas d'apprendre tout ce qu'un bon fermier doit savoir. L'aîné serait un excellent garçon de
ferme dès aujourd'hui. Il s'est loué cette
année pour le temps de la moisson, et ses
gages ne nous sont pas inutiles.

Il voulut me montrer leurs cahiers, et me
faire assister aux leçons qu'il leur donnait,
quand ses autres élèves étaient partis. Je
n'ai jamais pu persuader à mon ami Frédérick, ni à mon autre ami Jean Le Flô, qui
était maître d'école à Saint-Jean-Brévelay,
dans le Morbihan, que je ne suis pas moi-
même une sorte de maître d'école renforcé.
Ils savaient confusément que j'avais été professeur à la Sorbonne jusqu'à la date de
décembre 1851, et ils en concluaient que je
devais être très fort en arithmétique, et avoir
une coulée et une bâtarde magnifiques. Les
lettres que je leur écrivais auraient dû les

éclairer sur ce dernier point. Ils pensaient
peut-être que je réservais ma belle écriture
pour les grandes occasions, et que je faisais
du gribouillage dans l'intimité.

Je dois dire que l'écriture des deux écoliers faisait l'orgueil de
leur père. Des
pleinsd'une
vigueur,

des dé-
liés d'une fines-
se ; et une justifica-
tion, si je puis emprunter ce mot à la typo-
graphie, d'une correction ! L'orthographe
était satisfaisante. Avec cette écriture-là,
pensai-je, ils seront fonctionnaires fourriers
au bout d'un an de service, et sergents-
majors au bout de deux ans.

— J'ai été obligé de leur apprendre
bien des choses inutiles, me dit le père;
mais il fallait bien parcourir tout le programme en vue de l'examen. Si j'avais été
libre, je les aurais poussés sur l'histoire de
France.

Il avait, pour l'enseignement de l'histoire,
une excellente méthode. D'abord il enseignait à fond la géographie physique : les
grands cours d'eau flottables et navigables,
les montagnes, les côtes avec leurs ports,
les productions des différentes provinces,
leurs beautés qui sont innombrables. Il racontait ensuite la succession des rois et les
principaux événements, en ne donnant que
très peu de dates, pour qu'elles fussent bien
retenues, et en faisant ressortir tout ce qui
concourait à former l'unité de la France. Il
insistait sur les chartes des communes, sur
les états généraux, sur la condition des
ouvriers et des paysans. Toutes les fois
qu'il rencontrait un beau règne, un grand
fait d'armes, une époque importante de l'histoire des lettres ou des arts, il s'arrêtait.
Autant il était bref pour le tissu ordinaire
des événements, autant il se montrait abon-

dant pour tout ce qui était propre à faire
aimer la France. Il lisait de longs chapitres
de Henri Martin ou de Michelet, de Michelet surtout. Il me fut facile de voir que l'histoire ainsi enseignée charmait et passionnait
ses élèves.

Quand il lui arrivait de citer Jeanne d'Arc,
ou Du Guesclin, ou Turenne, leurs yeux
brillaient. Ils connaissaient aussi Corneille
et Racine. Il leur faisait apprendre par cœur
quelques beaux vers, et cela même faisait,
suivant lui, partie de l'histoire. La révolution de 1789 était fêtée dans ce petit monde
comme une résurrection de l'humanité. La
Terreur y était maudite ; l'Empire exalté
outre mesure. On devinait à peine le des-
pote ; on voyait partout le victorieux. Le
peuple souverain, la grande nation, la grande
armée revenaient à chaque instant dans les
récits du maître, et dans les réponses des
enfants. Ils exaltaient notre caractère cheva-
leresque, notre bravoure, notre extrême
sociabilité. Jamais il n'y eut orgueil plus
naïf, ni patriotisme plus sincère. Je remar-
quai avec plaisir que, tout en exaltant la
France, Frédérick ne soufflait pas la haine

contre les pays voisins. Je lui en fis la remarque.

— Il vaut mieux aimer, me dit-il. Le monde est bon; la France est grande. Elle n'a pas besoin, pour se grandir, de rabaisser les autres pays.

Tout le monde sait comment l'Alsace se battit en 1870 et 1871. Il n'y avait pas, dans toute la France, de province plus française ni de plus guerrière. Tout le monde partit, et se battit en héros, même les enfants. Je ne fus pas étonné d'apprendre que Frédérick avait été nommé officier, et qu'il était, dès les premiers jours, très compté dans son régiment. Valentin (notre préfet) m'écrivit qu'il s'était signalé dans plusieurs rencontres, et qu'on l'estimait pour la rectitude de son jugement et sa bravoure calme et intrépide.

Pendant l'investissement nous vécûmes à Paris comme dans une île lointaine, séparée du reste du monde, ne connaissant que les gros événements, les connaissant mal, et dans l'ignorance absolue de tout ce qui n'intéressait que les personnes. Après le siège vint la capitulation, et après

la capitulation, la Commune : autant de
lamentables souvenirs. Ce
n'était pas le
moment,

dans le torrent
des affaires publi-
ques qui nous entraînait,
de songer à ses proches et à ses amis.

J'étais dans mon cabinet au palais de Versailles, occupé de la rédaction d'un rapport sur la nomination d'un évêque d'Ajaccio; je donne ce détail pour montrer la précision de mes souvenirs. J'entendis du bruit dans l'antichambre, presque des cris. C'était évidemment l'huissier de service qui, se conformant à mes ordres, refusait d'introduire un visiteur récalcitrant. Tout à coup la porte s'ouvrit brusquement, et André, mon vieux valet de chambre, qui s'était trouvé là par bonheur, mit devant moi, sur mon bureau, un morceau de papier portant ces deux mots :

« La veuve de Frédérick et son fils unique. »

J'ai rarement éprouvé une douleur aussi poignante, même dans ce temps fertile en douleurs.

Elle était plus calme que moi, les yeux secs, les joues creuses, les mains et les lèvres un peu tremblantes, vieillie de vingt ans, avec une grande mine encore sous ses haillons, car elle portait évidemment la livrée de la misère. Ainsi donc il était mort, ils étaient morts! Elle tira de sa poche une croix d'honneur. On l'avait attachée sur la poitrine de mon pauvre ami, à l'hôpital. Il avait encore sa connaissance à ce moment-là. « Vous êtes un héros, » lui avait dit le général. Il essaya de lever la main pour serrer celle qu'on lui tendait, mais il ne le put, la mort était sur lui. Il s'éteignit une heure après.

— J'appris ces détails par une lettre de son colonel, me dit-elle. Mon Paul avait dix-sept ans, il s'engagea. Il me dit : « C'est mon tour. » Je n'essayai pas de le retenir. Je me dis que son père ne l'aurait pas fait. Il est parti...

Puis, plus bas, et d'une voix tremblante :

— Ce n'est pas une balle qui l'a enlevé. Non. C'est la fièvre typhoïde.

Je n'osais pas ce jour-là lui parler d'autre chose que de ses deux morts, et pourtant je ne pouvais détacher mes yeux de ces vêtements révélateurs. « Ils sont à la mendicité, me disais-je ; mais comment les secourir ? » Elle était épuisée. Je lui proposai de remettre au lendemain la suite de notre conversation.

— J'ai beaucoup de détails à vous demander; nous causerons de votre situation
et de l'avenir de votre fils. En attendant,
vous allez passer la nuit chez moi.

Ce n'était pas une belle offre. Nous n'a-
vions qu'un lit monté pour toute la famille.
Mes deux fils et moi, nous couchions sur
des matelas posés par terre dans une des
salles du musée. Elle refusa obstinément.
Nous parvînmes à lui trouver une mansarde
à l'hôtel de la Chasse.

Je passai la nuit à chercher ce que je
ferais d'elle. Ceux qui n'ont jamais passé
par les affaires croient volontiers qu'un
ministre trouve toujours tout à point la
place qu'il lui faut. Il n'en est rien. Il y
a des droits acquis, des règlements, des
promesses faites; très peu de places d'ailleurs pour les femmes. Elle avait droit
à une retraite comme veuve d'un capitaine.
Ce grade, donné pendant la guerre, en dehors des règlements militaires, serait-il
reconnu? Que serait cette retraite? Il faudrait en tous cas l'attendre longtemps, et,
en attendant, que devenir? Je passai de
bon matin chez Le Flô, qui était encore

ministre de la guerre. Il me promit de presser la liquidation, et m'offrit sa bourse. Mais il ne s'agissait pas de sauver le quart d'heure. Il fallait prévoir une attente de plusieurs mois dans cette désorganisation générale de tous les services.

Je ne pus la faire venir qu'à midi. Je ne m'étais pas trompé. Ce long voyage, à travers les lignes allemandes, avec des chemins de fer ou encombrés ou rompus, avait été un supplice. Ils avaient fait une partie de la route à pied. On les avait arrêtés plusieurs fois. Alsaciens réfugiés! Ce n'était pas un titre à la protection des vainqueurs. Ils n'avaient littéralement mangé que du pain l'un et l'autre. Il lui restait encore une cinquantaine de francs.

— Mais, disait-elle, nous n'étions séparés de la mendicité que par cet argent-là, et je ne pouvais me résoudre à le dépenser. Il a été admirable, ajoutait-elle, en me montrant son fils; dans les moments les plus dangereux et les plus tristes, il ne pensait jamais qu'à moi.

Je comprenais bien que, depuis le départ

de Frédérick, elle n'avait rien touché de son traitement d'instituteur.

— Vous aviez un champ à vous, lui dis-je ; une vache…

— J'ai pu vendre la vache à des voisins, dit-elle ; et c'est de ce qu'ils nous

en ont donné que nous vivons. J'ai vendu aussi tout notre mobilier. On m'en a bien peu donné, ce n'est pas par dureté de cœur ; c'est que la ruine est partout.

— Mais la terre?

Elle eut l'air étonné :

— Il fallait rester en Alsace pour la garder, devenir Allemands.

Il était clair qu'elle n'en avait pas même conçu la pensée. Elle avait renoncé à une sorte de bien-être, et embrassé la misère noire, sans réflexion, comme une nécessité à laquelle on se soumet, parce qu'il n'y a pas d'autre issue. Cependant, me disais-je, une femme, une veuve!

Elle lut quelque chose de cela dans mes yeux. « L'armée! » dit-elle. Je compris : L'armée allemande! Je n'y pensais pas au premier moment : ces situations étaient si nouvelles! L'enfant avait quinze ans. Resté en Alsace, il serait soldat, soldat allemand, à sa majorité, soldat dans l'armée qui lui avait tué son père et son frère, soldat contre la France. Ils ne me dirent pas alors qu'il venait surtout en France pour être soldat français, et soldat avant l'âge; mais je le devinai. Ce n'était ni colère, ni soif de vengeance. Il voulait se donner. Elle voulait le donner. A la grâce de Dieu, il se battrait pour la patrie, comme son père et son frère,

qui étaient morts pour elle. Ma pauvre amie
parlait avec un calme apparent, et une
anxiété secrète. Elle n'espérait qu'en moi ;
mais elle ne se faisait aucune illusion sur
ma prétendue toute-puissance. Qu'était-ce
alors qu'un ministre ? Nous nous efforcions
de sauver la France avec rien.

L'avons-nous sauvée ? Je crois que oui.
Je l'affirmerais avec plus de certitude si
nous pouvions oublier nos querelles inté-
rieures, et travailler tous ensemble et d'un
seul cœur à préparer nos soldats et nos
ressources pour une lutte prochaine. Je
vins à bout, en 1871, de caser mes deux
naufragés. Je me chargeai du garçonnet,
qui s'engagea dès qu'il eut ses dix-huit ans,
devint officier au cours de son second en-
gagement, obtint de servir au Tonkin, et
s'y montra digne de son père et de son
pays. Je trouvai immédiatement une petite
place pour sa mère dans les ateliers de la
Banque, grâce à M. Rouland que je connaissais à peine, et qui me rendit à cette
époque plusieurs services du même genre.
La mère et le fils, qui sont de bons Français, j'en réponds, sont restés de bons

Alsaciens. Ils n'ont plus là-bas ce qui était pour eux deux la maison paternelle; ils n'y ont que deux tombeaux. — Ils y ont laissé leurs cœurs!

HAROUN-BEY

HAROUN-BEY

On est bien vite oublié à Paris. Personne ne connaît plus Haroun-Bey. On ne parlait que de lui, il y a quinze ans, sur les boulevards et dans les journaux. Son voyage en France rappelait le voyage de l'*Ingénu*, avec cette différence qu'Haroun-Bey était un ingénu très civilisé.

Ce n'était pas un Turc de Constantinople

ou d'Asie Mineure; un bon Turc de la vieille école. C'était un Turc des Balkans, espèce qui devient de plus en plus rare par l'invasion et la pullulation des Serbes et des Bulgares. Il n'y a rien de plus curieux, parce qu'il n'y a rien de plus complexe et de plus divers qu'un indigène des Balkans, dès qu'il s'élève au-dessus de la classe moyenne.

Celui-ci avait une première originalité, qui est moins rare qu'on ne pense. Il était chrétien, de l'Église arménienne. Comme il était né en Albanie, il était Grec par la géographie, Européen par la religion, et Turc par la politique. Ce demi-barbare avait l'écorce d'un civilisé, et même d'un raffiné. Il avait fait toutes ses classes avec distinction au collège Charlemagne, et à l'institution Jauffret, de la rue Culture-Sainte-Catherine, où il avait été camarade de Louis Ulbach. Ils étaient, Louis Ulbach et lui, les poètes de la maison; les bons juges trouvaient que leurs vers étaient très supérieurs à ceux de Laurent Pichat. Les succès qu'Haroun-Bey remportait tous les ans au banquet de la Saint-Charlemagne, et à celui de Sainte-Maxence (sainte Maxence était la patronne de madame Jauffret), n'empêchèrent pas Haroun-Effendi d'entrer à l'École centrale, et d'en sortir, au bout de trois ans, avec un des premiers numéros.

Devenu ingénieur, notre homme disparut tout à coup ; je veux dire disparut de Paris et alla, comme nous disions, s'enterrer en Albanie. Il y était enterré dans les meilleures conditions du monde, avec une fortune des *Mille et une Nuits* et dans un palais magnifique, entre la mer et les montagnes, sous un ciel d'azur. Ce qu'il devint là pendant plusieurs années, s'il vécut en Turc qui a passé sa jeunesse à Paris, ou en Parisien que le destin exile en Turquie, je l'ignore. Il se souvint de moi vers la fin de l'Empire, et se mit à m'écrire de longues lettres sur des sujets de philosophie.

Il entendait la philosophie comme un Albanais. Ses dissertations ne pouvaient que m'assommer ; mais elles étaient accompagnées d'observations sur ce qui l'entourait et de réflexions sur lui-même qui m'intéressaient au plus haut degré, et je lui répondais assidûment, en dépit de ma paresse. Ses lettres forment plusieurs liasses, que j'appelle ma « correspondance de Turquie ». Je suis sûr qu'avec un peu d'esprit on en tirerait un joli volume ; mais je suis trop occupé et trop bête pour me charger de cette besogne. C'est la faute du pauvre Haroun, qui aurait dû choisir Ulbach pour son correspondant. Il m'écrivit en 1873 qu'il s'ennuyait à mourir, dans l'Orient désert, et qu'il était résolu à redevenir Parisien.

« Vous avez la liberté, me disait-il, puisque vous avez la République. La liberté a toujours été mon idole ; je vais la chercher là où elle est. La France sera désormais ma patrie. *Ubi libertas, ibi patria.* »

Quinze jours après, je le vis entrer dans mon cabinet aussi simplement que si nous nous étions quittés la veille. Nous ne nous étions pas vus depuis vingt-cinq ans. Je m'attendais à le trouver chauve et engraissé. Je ne sais pourquoi je me figure toujours que les Turcs doivent avoir un gros ventre et n'avoir pas de cheveux. Je comptais aussi sur la jaquette de drap bleu boutonnée jusqu'au cou, et sur le fez ; mais je vis un homme du monde, et du meilleur monde, complètement vêtu à l'européenne, d'une taille svelte et dégagée, et d'une beauté plastique presque idéale. Il n'avait d'oriental qu'une barbe magnifique, noire, soyeuse, immense, à rendre jaloux un archimandrite, ou un archevêque du Levant. Je l'aimais déjà par correspondance, et je l'aimai beaucoup plus quand je le vis de près, et que je pus juger de la finesse de son esprit et de la sûreté de son commerce. Nous avons passé dans l'intimité plusieurs mois dont je conserve le plus aimable souvenir.

Je pensai d'abord qu'il venait à Paris pour vivre dans les plaisirs. Il se fit présenter dans quelques salons, mais plutôt pour ne pas être étranger au monde que pour en faire partie. Il me pria, dans le même esprit, de le mettre en relation avec nos écrivains et nos artistes les plus illustres. Je vis bien vite que ce qui s'était réveillé en lui, ce n'était pas le poète de ses jeunes années, mais l'ingénieur de l'École centrale.

— Haroun-Bey, lui dis-je un jour, si vous n'étiez pas tant de fois millionnaire, vous vous feriez grand industriel.

Il me regarda en souriant, et m'apprit

qu'il avait soumissionné la veille le per-
cement du boulevard Haussmann. Ce boulevard devait aboutir, sur le boulevard des
Italiens, à une vaste place ayant en bordure
l'Opéra et l'Opéra-Comique. Il me détailla
toutes les belles choses qui allaient sortir
de terre à sa voix. Ce coin de la ville serait
plus beau et contiendrait plus de merveilles
que le reste de Paris. Il savait qu'il y per-
drait des sommes immenses; mais il faisait
de l'industrie pour l'industrie, comme d'autres font de l'art pour l'art. Il ferait, dit-il,
ce cadeau à la République.

Il commença par s'installer avec sa famille,
en homme qui ne regarde pas à l'argent, et
qui commence une entreprise de très longue
haleine. Il se trouva tout à point que
M. Pozzo di Borgo quittait Paris pour
quelques années, et pouvait lui céder à long
bail l'usage de sa propriété de Saint-Cloud
avec ses splendides jardins d'où l'on embrasse Paris tout entier et le cours de la
Seine jusqu'à Charenton. La maison avait
été meublée par un très grand seigneur
avec un goût parfait; cela même ne parut
pas suffisant à notre Oriental; il y entassa

tout ce qu'il trouva de plus beau chez nos
artistes et nos marchands de curiosités, de
manière à en faire un séjour féerique. Il y
était servi exclusivement par des Albanais
et des Albanaises, car il était Parisien jusqu'au bout des ongles tant qu'il était avec
nous, et il redevenait Turc, et Turc.à outrance, dès qu'il avait franchi la porte de
son parc.

Il avait trois femmes ravissantes, et une
raisonnable quantité d'odalisques, luxe assez
singulier pour un chrétien ; et je dois vous
dire en passant que ce n'était pas un de ces
chrétiens comme nous en avons tant à Paris,
qui ne sont chrétiens que par le baptême.
Il n'eut rien de plus pressé en arrivant que
de demander où était située la chapelle arménienne. Elle était fort loin de Saint-
Cloud; il entreprit de faire venir un chape-
lain tout exprès pour lui, et fit faire par
Charles Garnier les plans d'une chapelle qui
aurait été un vrai bijou. On lui dit que, sa
chapelle étant publique, il avait besoin d'une
permission. Il la demanda, et fut refusé.

— C'est bien étrange, me dit-il. Qu'est-
ce que cela peut faire au gouvernement que

cent cinquante ou deux cents arméniens, habitants de Paris, aient à choisir entre deux églises pour faire baptiser leurs enfants, et consacrer leurs mariages?

Il voulut au moins donner un grand luxe au culte arménien. Il aimait la pompe, comme tous les Orientaux.

— Nous ferons, dit-il, une procession magnifique qui attirera tout Paris. On accourra de loin pour la voir.

Il avait commandé des bannières et des ornements, quand on l'avertit de nouveau que cette fantaisie n'était pas plus réalisable que la première. On est libre d'exercer son culte en France; mais seulement entre quatre murailles. Pelletan et Pressensé ont essayé, depuis que nous avons la République, d'étendre un peu la liberté religieuse et, par exemple, de nous donner la liberté d'élever des chapelles sans l'autorisation du ministre de l'intérieur, et de réunir périodiquement plus de vingt personnes pour leur prêcher la morale chrétienne. Mais leur projet de loi est tombé à plat; et, en effet, on ne pouvait pas choisir le moment où on dissout les congrégrations et où on met des

églises sous les scellés, pour donner aux
assemblées religieuses la même liberté
qu'aux réunions électorales et aux clubs
socialistes. Haroun - Bey,
qui était fanatique de liberté, ne com-
prenait

rien à
toutes ces
entraves. Il me disait
toujours :

— Qu'est-ce que cela
peut leur faire?

— Ils ont peur, lui disais-je,
que vos cent cinquante arméniens ne ren-
versent la République en allant à la messe,
et que cent cinquante jésuites ne troublent

l'État en enseignant les racines grecques.

Il était si bon enfant que je n'hésitai pas à lui demander comment, étant chrétien, il avait autant de femmes qu'un musulman. Il se mit à éclater de rire :

— Je n'ai qu'une femme, me dit-il, une femme légitime, qui est la mère de mon fils. Dans la partie de l'Albanie où je demeure, j'avais quelque raison de cacher ma religion. Je la professais à huis clos, comme chez vous ; et, pour mieux me déguiser, je donnai à ma femme deux dames de compagnie, qui passaient, aux yeux du public, pour ma seconde et ma troisième épouse.

Ce genre de déguisement ne laissa pas que de me paraître original.

— Dans mon pays, me dit-il, personne n'est célibataire. On se rendrait suspect de libertinage en n'ayant pas de femme, et suspect de christianisme en n'en ayant qu'une. C'est une des raisons qui m'ont dégoûté de l'Orient. Ici, au moins, je suis maître chez moi. Je puis avoir autant de femmes que je veux, n'en avoir qu'une seule ou n'en avoir pas du tout. Vous avez cette liberté là, mon ami, quoique vous n'ayez pas toutes les libertés que je vous croyais.

— Oui, lui dis-je, tant que votre femme y consentira, vous pouvez gar-

der chez vous les deux dames que vous appelez ses dames de compagnie ; mais ne les gardez pas sans son consentement, car elle vous ferait mettre

en prison, sous prétexte que vous entretenez vos maîtresses sous le toit conjugal.

— Et pourrait-elle aussi me faire donner la bastonnade? me dit-il en riant de plus belle. Mais je suis tranquille : Fatima est la meilleure femme du monde et la moins jalouse. Je ne lui reproche que de commencer à prendre de l'âge.

Il conduisit son fils à son vieux collège Charlemagne, que nous appelons à présent le lycée Charlemagne. Je l'avais averti qu'il n'y trouverait plus ni Jauffret, ni Massin.

— Je ne les regrette pas, me dit-il; je n'aurais pas fait de mon fils un interne. Cette vie réglée et gouvernée à l'excès n'est pas l'école de la liberté. Il faut qu'il apprenne, tout jeune, à compter sur lui-même.

Il dit au proviseur, qui était alors l'excellent M. Broca, qu'il avait fait son choix parmi les matières inscrites au programme, et que, par exemple, il ne voulait pas que son fils apprît le latin. M. Broca ne manqua pas de se récrier. Haroun-Bey s'entêta :

— Je suis le maître de mon fils, apparemment !

— Non, lui dit M. Broca, du moment que vous nous le confiez, c'est à nous qu'il appartient, et non pas à vous. Ce n'est pas vous, c'est M. Batbie (Batbie était pour l'heure ministre de l'instruction publique), c'est M. Batbie qui décide ce qu'il doit savoir et ce qu'il doit ignorer.

Ce langage lui parut extraordinaire.

— Menez-le à l'école Chaptal, lui dit Broca pour l'amadouer; là on lui apprendra le latin ou on ne le lui apprendra pas suivant ce que vous déciderez. C'est un collège accommodant, qui défère aux vœux des familles. Vous pouvez aussi, parce que vous êtes étranger, ne le mettre à aucune école et ne lui donner aucune instruction. Si vous étiez Français, on vous obligerait à lui faire apprendre le chant, le modelage et les exercices militaires.

Il avait fait venir des ouvriers de son pays.

— Ce sont de bons ouvriers, disait-il, laborieux et sobres. Ils travaillent onze heures par jour en été, et ils sont habitués à me respecter et à m'obéir. Ils sont aussi habitués à m'aimer, parce que je les paye bien, et qu'ils me savent incapable de les abandonner dans leurs besoins..

On lui signifia qu'il devait les payer soixante centimes par heure, au lieu de cinquante dont il était convenu avec eux.

— Mais, dit-il, le prix de cinquante centimes est très convenable pour un travail
comme celui-là, qui ne suppose pas d'habi-
leté professionnelle. Il suffit à leurs besoins. Ils en sont satisfaits.

— Tout cela est vrai, lui répondit-on.
Mais le conseil municipal a adopté des prix
de série auxquels vous êtes obligé de vous
conformer.

Il se résigna.

— Je n'avais pas compté sur cela, dit-il.
Mais, avec mes propriétés d'Albanie et
d'Épire, je ne suis pas exposé à faire faillite.

Huit jours après, nouvelle affaire. On le
pria de passer à la préfecture :

— Vous avez dans vos chantiers, lui dit-
on, neuf cents ouvriers. Sur ces neuf cents
ouvriers, il y a trois cents Français seulement, et six cents Albanais. Renvoyez à
l'instant trois cents Albanais, et prenez trois
cents Français à leur place. On vous permet
d'occuper les étrangers pour un tiers, et
c'est une grande concession que l'on vous
fait. Cette concession est d'ailleurs conforme
aux traditions hospitalières de la nation, et

au principe de la démocratie, formulé dans un hymne célèbre :

Le magis-
trat qui lui donnait
cet avertissement, eut
soin de lui faire entendre
que cette concession ne
durerait pas ; qu'on rédui-
rait le nombre des étrangers
tolérés au quart, et peut-
être même au dixième.

— Encore n'y aura-t-il pas de sécurité

pour ce petit nombre, lui dit-il. La loi et les règlements consentiront, mais nous ne pouvons pas répondre des ouvriers. Il est possible qu'ils saisissent les outils de leurs camarades albanais, ce qui est leur droit selon l'avis d'un magistrat éminent, ou qu'ils se mettent en grève ; et s'ils se mettent en grève, comme le conseil municipal leur donnera de l'argent, vous serez à la fin obligé de céder. Vous feriez mieux de commencer par là.

Il le fit en gémissant.

On était au mois d'août. Les ouvriers entraient à six heures du matin dans les chantiers, et devaient y rester jusqu'à six heures du soir. En retranchant une heure pour le déjeuner, cela faisait onze heures de travail. Ses employés lui apprirent que les ouvriers ne venaient plus qu'à sept heures, et qu'ils partaient à cinq. Il se rendit au milieu d'eux.

— Oui, patron, lui dirent-ils. Neuf heures de travail, c'est la règle.

— Mais, dit-il, vous pouvez travailler onze heures sans trop de fatigue, et cela augmente votre salaire.

— Non pas ; neuf heures seulement. C'est résolu. Et d'ailleurs, voyez le règlement du conseil municipal.

— Eh bien ! dit Haroun-Bey, c'est entendu. Ceux qui voudront ne travailler que neuf heures travailleront neuf heures ; mais ceux qui voudront gagner davantage continueront à travailler onze heures. Liberté ! liberté !

— Impossible, répondirent les ouvriers. On parle déjà, à la Bourse du travail, de réduire les journées à sept heures ; c'est à examiner ; mais pour le moment, la durée de la journée est de neuf heures, pas une minute de plus.

Il ne se fâcha pas, parce que sa bonne humeur était inépuisable. Il était à l'affût des accidents qui arrivaient dans les ateliers. Il avait élevé des baraquements bien aérés et bien aménagés où il traitait les blessés et les malades, à ses frais bien entendu. Même il avait fait venir d'Albanie un médecin qui avait sa confiance, et qui la méritait, car il faisait des cures admirables. Ce n'était pas un empirique, comme on pourrait le croire, mais un homme expérimenté et

instruit, qui avait fait son éducation en
France. On citait de lui plusieurs mémoires
envoyés à l'Institut et à l'Académie de médecine. Un jour le commissaire de police le
fit appeler.

— On prétend, lui dit-il, que vous exercez
la médecine sans être médecin. Avez-vous
vos diplômes?

Il montra un diplôme de l'Université de
Belgrade.

— Cela ne suffit pas, dit le commissaire.
Il faut un diplôme français, ou une décla-
ration d'équivalence accordée par le ministre, après avis du Conseil supérieur.

Le médecin fut obligé de renoncer à gué-
rir les malades; et Haroun-Bey lui paya
ses frais de voyage pour retourner chez
lui, en y ajoutant une grosse indemnité.

Vous comprenez que je ne dis pas tout.
Je rappelle sans ordre les tracasseries qu'on
lui suscitait à mesure qu'elles se présentent
à mon esprit. Malgré son excellent caractère et son parti pris de voir toutes choses
par le bon côté, mon ami commençait à se
sentir un peu agacé.

— Après tout, disait-il, je ne suis ni

Français ni Parisien. Je puis porter mes millions ailleurs. Ce sera tant pis pour Paris. Il n'aura qu'un tronçon du boulevard Haussmann.

Un incident inattendu précipita ses résolutions.

Il avait prescrit aux maçons de se servir de cordes neuves, et ayant un certain diamètre, pour suspendre les échafaudages mobiles. Un chef d'équipe contrevint à ses ordres les plus formels, et, pour réaliser un bénéfice, se servit de cordes à moitié pourries, et d'un diamètre insuffisant. Il en fut puni le premier, car, dès qu'il eut mis le pied sur la planche où il devait travailler avec plusieurs compagnons, la corde se rompit, la planche tomba, et il se démit l'épaule. Ce n'était pas le moment de lui reprocher sa faute. Haroun-Bey appela la voiture du docteur Nachtel pour le transporter à l'ambulance, assista lui-même au premier pansement (le pansement Guérin, jamais d'autre !) s'assura que le blessé ne manquait de rien, et ne le quitta que pour aller donner de l'argent et des consolations à sa famille.

Le lendemain il reçut une assignation à comparaître devant le tribunal correctionnel, pour s'entendre condamner à payer une forte indemnité à son ouvrier, blessé dans son atelier, sur ses travaux, et frappé, à la suite de l'accident (dont l'ouvrier était la cause unique), d'une incapacité de travail de plusieurs jours.

— Je m'en vais, me dit-il. Je retourne en Albanie. Je n'ai pas trouvé en France ce que j'y cherchais.

— Et que cherchiez-vous, mon ami?

— La liberté! me dit-il. Je ne la trouve nulle part. Je n'ai ni la liberté du foyer, ni la liberté de conscience, ni la liberté du travail. Vous-même, quoique Français, vous n'êtes pas libre. Vous êtes gouverné et morigéné à l'excès.

— Vous vous trompez, lui dis-je. On prend des mesures qui me déplaisent. On me traîne devant les tribunaux qui me condamnent. Mais ces juges, dont j'ai certainement à me plaindre, ont été nommés par le ministre de la justice; le ministre de la justice a été nommé par le président de la République; le président de la République

a été nommé, en Congrès, par les membres
des deux Chambres, et les membres des
deux Chambres ont été nommés par les
comices du peuple français, dans lesquels
j'ai droit de suffrage. Tous ces gens-là
forment les pouvoirs constitués ; j'appar-
tiens, moi, pour un dix-millionième, au pouvoir constituant. Je fais partie du souverain.
Je suis bridé, rançonné et emprisonné. Mais
je suis libre.

M. ANTOINE

M. ANTOINE

C'était l'usage, à notre ancienne École
normale, de sonner pour les conférences
comme pour la messe. Dès que le profes
seur entrait dans la cour, le portier se jetait
sur la cloche, et, après avoir sonné à tour
de bras, il criait le nom du maître. Quand
c'était M. Cousin ou M. Michelet, nous
nous mettions tous aux fenêtres. M. Miche-

let arrivait en rasant la muraille, vêtu en
hiver d'une houppelande fumée d'enfer
(rouge sombre), qui lui battait les talons.
Cousin, enveloppé de son carrick en bou-
gran bleu, doublé de peluche rouge, tenait
le haut du pavé en brandissant sa canne, et
semblait se battre contre un ennemi invisible. Je vois encore Damiron avec ses
socques et son parapluie, marchant pesam-
sament, la tête courbée, et marmottant, tout
en se pressant pour arriver, les premières
paroles de la leçon qu'il allait nous faire. Il
n'y avait rien de saillant ni dans les allures,
ni dans le costume de M. Antoine. Il n'était
ni beau ni laid, ni jeune ni vieux, ni distingué ni vulgaire. Je ne sais pas pourquoi on
était obligé de dire dès la première fois
qu'on le voyait :

— Voilà un homme timide.

Avoir peur, cela nous étonnait déjà.
Avoir peur de nous, c'était bien plus drôle.
Je l'ai vu, depuis, trembler comme la feuille
devant M. Cousin. En entrant dans la petite
salle où il faisait sa conférence, il mettait
son pardessus par terre après l'avoir bien
plié, son chapeau sur son pardessus, ses

gants dans son chapeau ; il ôtait de son portefeuille une douzaine de pages qu'il étalait méthodiquement devant lui, et il commençait à parler avec une physionomie qui disait :

— Vous aller vous moquer de de moi.

Mais elle disait en même temps :

— Je dois parler une heure et demie sur le *De Senectute;* je parlerai une heure et demie, je parlerai du *De Senectute*, et je ne dirai pas un mot qui ne soit nécessaire à mon sujet.

Il nous débitait son discours avec une facilité et une correction inexorables, ne s'arrêtant jamais pour respirer, et disant tout sur la même note, parce qu'il aurait craint, en changeant d'intonation, de paraître prétentieux. Quand le poêle était bien allumé, il était presque impossible de ne pas s'endormir dans cette petite salle au bruit de cette voix monotone. Il le voyait, il en souffrait, et pour rien au monde il n'en aurait fait la remarque. Il prenait sa revanche dans ses notes trimestrielles, qui étaient d'une justice absolue, mais d'une grande sévérité. Il avait la réputation d'être très honnête homme, et d'être plus ennuyeux que M. Guigniault. Était-il savant? On le croyait sur sa mine. On passait un an dans sa classe sans échanger une parole avec lui. On sentait par instinct qu'on lui ferait de la peine en lui parlant, parce qu'il se croirait obligé de répondre.

Il était en même temps professeur de rhétorique à Louis-le-Grand. Un mauvais sujet, pour le tâter, essaya de faire du bruit, de causer avec son voisin. Mais il lui donna à l'instant même l'ordre de sortir. C'était une punition très grave, parce qu'on était guetté à la porte par le censeur. Il fut si ému de sa sévérité, qu'il ne fit plus que trembler et balbutier jusqu'à la fin. On résolut de le laisser tranquille. Au collège comme à l'École, son auditoire était silencieux et inattentif. On ne tenait pas-compte du bourdonnement qu'il faisait. Dans sa classe on se regardait comme étant à l'étude.

Le jour de ma grande tournée à travers le collège Louis-le-Grand, où je venais d'être nommé professeur, et que tenais à connaître dans tous ses détails, j'étais monté jusqu'à la plate-forme de la tour carrée. Ce n'était pas sans peine, ni même sans quelque péril, car les escaliers n'avaient pas été réparés depuis cinquante ans. Parvenu au sommet, je m'assis sur un banc vermoulu, sur lequel je réponds que personne ne s'était encore assis au dix-neuvième siècle, et je jouissais d'une assez belle vue, et d'une solitude profonde, quand tout à coup j'aperçus M. Antoine à côté de moi. Je ne l'avais pas entendu venir, car, entre autres propriétés, il avait celle de marcher, pour ainsi dire, silencieusement, comme s'il eût été impondérable.

Je me levai pour le saluer avec la déférence que je lui devais; il me répondit avec bonhomie, avec entrain, s'assit à côté de moi, et se mit à décrire le quartier Latin que nous avions sous les yeux avec une sorte de verve, et la science d'un antiquaire. Je pensai que sa timidité l'abandonnait à trente-cinq mètres de hauteur. Je me mis à mon aise à mesure qu'il s'humanisait, et je fus tout étonné au bout d'un quart d'heure de m'apercevoir que je causais avec un homme d'infiniment de goût et d'esprit, et qui me connaissait peut-être mieux que je ne me connaissais moi-même.

Je lui exprimai ma reconnaissance de la peine qu'il avait prise de me regarder de si près.

— Mais c'est tout simple, me dit-il; n'avez-vous pas été mon élève?

Il me parla de mes condisciples de façon à me convaincre qu'il nous connaissait tous à fond, et, de propos en propos, il en vint à me parler de lui-même. C'était peut-être la première fois qu'il lui arrivait de faire ses confidences.

— Si j'écrivais ma vie, me dit-il (mais elle ne serait pas longue à écrire, elle tiendrait en quatre lignes), toute l'histoire se passerait dans le petit cercle que voilà. Je suis né dans cette maison, — et il me montrait une maison de la rue Soufflot; — je demeure dans celle-là, — et celle-là était une maison de la rue Pierre-Sarrazin, — et j'ai vécu dans celle-ci, — le collège. Savez-vous, dit-il, avec une mélancolie qui me frappa, que je suis entré dans ce collège à neuf ans, il y a trente-cinq ans, et que depuis je ne l'ai jamais quitté?

» Ma mère perdit son frère et son mari en 1808, dans la guerre d'Espagne. Mon père n'avait pas de famille, mon oncle était à lui seul toute la famille de ma mère; de sorte qu'en les perdant, elle perdit tout. Ils moururent à douze jours de distance. Mon oncle n'avait que dix-sept ans. Il faisait partie de la formidable levée de septembre 1808. On le dirigea immédiatement sur Burgos, où était la tête de l'armée. Il y arriva épuisé de fatigue le 8 novembre. Il avait les pieds écorchés jusqu'aux os. On l'habilla le 9. On l'envoya au feu le 10. Il reçut, en arrivant au poste assigné à son régiment, une balle qui le foudroya. Six semaines auparavant, il était au collège à Paris, occupé à écrire quelque discours latin. Mon père fut coupé en deux par un boulet à la bataille de Tudela. Comme il était capitaine, ma mère avait droit à une petite pension, qui ne fut liquidée que l'année suivante, et qui lui donnait à peine du pain. Moi, j'avais le droit de demander une bourse, et le gouvernement avait le droit de la refuser. Ma mère la demanda pour moi, et elle fut assez heureuse pour l'obtenir.

» Je dus attendre un an avant d'en jouir. Le règlement était formel. Pour obtenir une bourse de l'État, il fallait premièrement avoir neuf ans, et secondement savoir lire et écrire. Je n'eus mes neuf ans qu'en 1810,

car je suis né le 24 octobre 1801. Je ne sais pas comment nous vécûmes ces deux années-là. Ma mère chercha à s'occuper comme lingère, sans y parvenir. Elle vendit le peu d'objets qu'elle possédait. Il fallait qu'elle fût bien malheureuse, car elle soupirait

après mon jour de naissance, qui devait
être le jour de la séparation. Enfin, il arriva
ce jour tant désiré, et nous ne fîmes, du
matin au soir, que pleurer à chaudes
larmes. Ma mère m'amena chez l'économe,

dans cette même chambre que
vous connaissez. Nous avions obtenu le dé-
grèvement du trousseau, à titre d'indigents.
On m'habilla en petit soldat, veste et culotte
de drap bleu, casquette bleue avec liseré
rouge, guêtres noires montant au-dessus
des genoux. Je devais être drôlement fa-
goté. Ma mère me jura que je lui rappelais

ses chers morts et se remit à sangloter. Mais le tambour battit pour la récréation de midi et demi. On l'envoya pleurer chez elle, et le commis d'économat me conduisit, par la main, dans la cour des petits, où il m'abandonna au milieu d'environ quatre-vingts gamins de mon âge.

» Ils n'étaient pas tout à fait de mon âge; ils avaient un an, deux ans de plus que moi. J'étais petit et malingre. J'avais honte de mon uniforme, dans lequel j'étais mal à l'aise. Les guêtres m'empêchaient de marcher; le col me serrait à la gorge. Je regardai tout éperdu si quelqu'un me montrerait quelque bienveillance; je ne vis que des rieurs, qui s'amusaient de ma gaucherie et s'apprê-taient à me prendre pour jouet. Je me tenais immobile contre la muraille, déjà entouré d'un cercle de polissons. Un maître d'études vint à moi :

» — Allons, Antoine (on ne m'avait jamais appelé Antoine), remuez-vous, amusez-vous! Il n'est pas permis de rester immobile!

» Je faisais tous mes efforts pour m'empê-cher de pleurer.

» — Il pleurera! Il ne pleurera pas! disaient les camarades, qui voyaient mes muscles trembler.

» Mes larmes jaillirent en dépit de moi, et furent saluées par des cris joyeux.

» On me bouscula, on prit ma casquette pour la lancer en l'air, je reçus plus d'un coup dans la mêlée. Les garçons de salle accoururent pour me dégager :

» — Défendez-vous donc, petit sot!

» Je ne fus délivré qu'à la fin de la récréation. Il y eut un roulement de tambour. On nous fit mettre en rang. J'étais, comme le plus petit, à la queue du peloton ; je le suivis tant bien que mal. Je gravis l'escalier de pierre, — l'escalier où nous étions tout à l'heure, mon cher ami, — en escaladant les marches avec mes petites jambes; on me campa sur un banc devant un pupitre, on mit devant moi un catéchisme, une grammaire française, une histoire sainte, une main de papier écolier, deux plumes d'oie toutes taillées.

» C'etait mon fourniment d'écolier de huitième. Le maître d'étude me fit lire tout bas un ou deux versets du Nouveau-Testament, et me quitta enme recommandant de

les apprendre par cœur. Nous aurions dû,
pour obéir au règlement, n'être que trente
dans l'étude; mais il y avait disette
d'hommes; la moitié des maîtres d'étude
avaient été envoyés au régiment, de sorte
que nous étions là soixante-cinq sous une
même férule. Cette situation obligeait le
maître à être sévère; je crois qu'il était
enclin à l'être; il me paraissait ce jour-là
le plus puissant et le plus méchant des
êtres humains. Pendant plusieurs semaines,
je passai la classe à dormir, et les études à
m'apitoyer sur mon malheureux sort. Telle
fut mon entrée dans le vaste monde.

» Les jours qui suivirent ne furent pas
plus réjouissants. Je crois bien qu'une
marque de bonté, ou d'amitié, ou même de
pitié aurait pu me sauver; mais elle ne vint
pas. Si même j'avais été garçon à me défendre, à rendre le mal pour le mal, on m'aurait
accepté comme un membre honorable de la
société, on m'aurait toléré tout au moins,
je serais rentré dans la compagnie des
hommes; mais je ne savais que passer de
la désolation à l'indignation, et mon indignation était du genre passif. Je détestais

ferme, mais je ne battais pas. Je voyais
autour de moi des petits allonger leur coup
de poing qui ne faisait de mal à personne. Ce coup de poing inoffensif les rele-
vait dans l'esprit des autres : combien il
les grandissait dans le mien ! Je les admi-
rais d'autant plus que je ne me sentais pas
capable de les imiter. Mon seul moment de
répit dans la journée était le retour à
l'étude, après la récréation. Il me semblait
que je rentrais au port. J'échappais à tous
ces ennemis conjurés pour ma perte. Je me
sentais enfin en sûreté.

» Je m'y ennuyais à périr, dans ce port de
salut, et dans les classes cela n'allait pas
mieux. Je ne comprenais rien à ce qui se
faisait. Mon incapacité était une chose no-
toire, acceptée comme incontestable par
mes maîtres, par mes camarades et par moi-
même. Quels tristes jours! Ils m'ont laissé
un souvenir ineffaçable. Malgré moi, je sens
encore un fond d'indignation contre ceux
qui m'ont ainsi délaissé ou pourchassé. J'ai
beau me dire qu'il y avait de ma faute, et
que d'ailleurs, avec ma mine désolée, mes
larmes, ma timidité, je ne pouvais guère

éveiller la sympathie. On me devait au moins quelque conseil ou quelque pitié. Je n'avais que ma mère, qui venait me voir presque tous les jours. Quand elle entrait, je croyais renaître à la vie. Je me jetais à elle comme un naufragé qui embrasse enfin le sol. Elle me disait :

» — Tu t'y feras! Les autres s'y sont faits!

» Elle tâchait de me donner du courage. Mais elle me connaissait. Elle savait que je désirais passionnément aimer et être aimé, et que je n'oserais jamais m'offrir.

» Mon salut fut d'avoir une bonne mémoire. On vit bientôt que je serais le premier, ou l'un des premiers en récitation. Je récitais sans comprendre, et par conséquent d'une façon pitoyable ; mais on ne nous demandait que de réciter couramment ; j'intéressai mon professeur par ce côté-là, et par mon écriture, qui n'était pas mauvaise. Il remarqua ma bonne volonté, me donna quelques conseils. Une fois initié aux premières difficultés de la grammaire, j'avançai assez vite. A la fin de l'année, j'étais classé parmi les bons. Cela me releva un peu, même dans

la cour de récréation. Je fus toujours aban-
donné, je cessai d'être dédaigné. C'était un
progrès. Aux vacances, tout le monde
partit; je restai. J'étais loin de deviner
pourquoi ma mère ne me prenait pas avec
elle; mais je ne lui demandais aucune explication, sachant bien que ce qu'elle faisait
était toujours bien fait. Ce malheur ne m'arriva que cette fois-là, parce qu'elle finit par
se procurer quelques ressources par son travail de couture. Elle mit tous ses profits de
côté pendant l'année, se refusant presque le
nécessaire pour me recevoir royalement au
mois d'août. Je n'ai été que bien tard dans
la confidence de tous ces travaux, de cette
longue épargne, de ce bonheur si court
acheté par tant de sacrifices. Je vivais pendant tout un mois dans l'ivresse d'être avec
elle. Nous habitions deux pauvres petites
mansardes dans la rue des Mathurins. Elle
n'avait pas de servante; mais tout était si
propre! Elle ne me donnait que bien rarement une friandise; mais nous faisions
ensemble de si délicieuses promenades!
Quelle différence avec ces piétinements dans
la boue, côte à côte avec un compagnon

qui ne daignait pas ouvrir la bouche pour
me parler, et à qui je ne savais que dire !
Comme je me dédommageais, par un éternel
bavardage, de mes dix mois de silence !

» J'arrivai à l'âge de douze ans sans être
réconcilié avec le lycée. Ma réputation de
sauvage était si bien établie, malgré mes
succès qui allaient croissant, qu'on me laissait tout le temps seul. Je ne comptais pas,
c'était une chose entendue. J'étais alors en
cinquième ; nous commencions à être grands
garçons. Il ne faut pas croire qu'on ne nous
initiât point à la grande politique. Au contraire ; on nous parlait sans cesse de l'empereur. On en parlait plus que de Dieu. L'aumônier nous faisait réciter le *Catéchisme
de l'Empire*, où nous apprenions que nous
devions aimer l'empereur et lui obéir.
« *D'après l'apôtre saint Paul*, disait le catéchisme, ceux qui n'obéiront pas à Sa Majesté l'empereur et roi, et n'éprouveront
pas d'amour pour lui, encourront la dam-
nation éternelle. » On nous apprenait que la
France était, quelques années avant notre
naissance, en proie à de cruels tyrans, que
le sang coulait à flots, que l'empereur était

venu, et que tout s'était calmé sous sa main
comme par miracle. Il avait pacifié la France
et vaincu toute l'Europe. L'aumônier ne
manquait pas d'ajouter qu'il avait relevé les
autels.

» Chaque fois qu'il remportait une de ses
grandes victoires, on nous faisait faire le
carré dans la plus grande cour, qui était
celle des moyens ; un roulement de tambour
annonçait la venue du proviseur et de son
état-major. Il arrivait radieux, un papier à
la main, et nous lisait le *Bulletin de la
Grande Armée*.

» Les cris de : « Vive l'empereur ! » partaient alors de toutes les poitrines, avec
d'autant plus d'enthousiasme que ces céré-
monies se terminaient toujours par l'annonce d'un congé. Quand nous traversions
ensuite la rue Saint-Jacques en donnant la
main à nos parents, on pouvait voir, à notre
air martial, que nous étions prêts à suivre
l'empereur jusqu'au bout du monde. Nous
nous attendions tous les jours, en avril 1814,
à l'annonce de quelque victoire. Nous vîmes
bientôt, à l'air préoccupé de nos professeurs,
qu'il se passait quelque chose d'inaccou

tumé. Ils avaient des conciliabules avant et après la classe. Ils faisaient la leçon d'un air morne. Les punitions pleuvaient à la moindre incartade. On entendait le bruit de discussions violentes quand on passait devant le vestiaire. Le proviseur et le censeur se promenaient dans les cours, lisaient des journaux, se communiquaient des lettres. Les maîtres d'étude les regardaient de loin, n'osant les aborder, et tirant des conjectures de l'aspect de leurs visages.

» Enfin, un beau matin, nous étions depuis une heure à l'étude, et les lampes commençaient à pâlir, quand nous entendîmes le canon des Invalides. Nous criâmes : « Une victoire ! » sans respect pour la discipline ; et nous pensions tout bas : « Un congé ! » Le maître d'étude, personnage taciturne que nous détestions cordialement jusque-là, arrêta notre enthousiasme :

» — Non, messieurs, dit-il d'un ton lugubre : une défaite !

» Pauvre diable ! nous apprîmes la semaine suivante que ce mot lui avait coûté sa place. Quoique nous n'eussions aucune idée de ce dont il s'agissait, il passa dès lors pour un héros dans tout le quartier des moyens, et emporta, en s'en allant, notre estime et nos regrets.

» — Vous le connaissez, me dit M. Antoine en s'interrompant; c'est Merpaut.

» Quand arriva l'heure d'aller en classe, les fifres se joignirent aux tambours, ce qui n'avait lieu que pour les grandes solennités et les promenades extraordinaires. Au lieu de nous faire entrer dans les classes, on nous mit en récréation. Les professeurs traversèrent la cour en gros peloton, marchant précipitamment pour aller chez le proviseur. Ils avaient leurs robes de gala, et les rabats empesés des grands jours. Leurs visages nous parurent sombres. Nous nous rappelions le mot du maître d'étude : « Non, messieurs, une défaite ! » J'avais le cœur serré. Je marmottais déjà entre mes dents :

Excidat illa dies ævo !

» L'attente fut assez longue. Enfin on battit aux armes ; les rhétoriciens prirent leurs fusils, le carré se forma, et le proviseur parut, entouré de tous nos maîtres, ayant à

sa droite l'aumônier, ce qui nous frappa,
parce que c'était la place ordinaire du censeur. Nos chers maîtres semblaient avoir
changé de visages en descendant l'escalier.

Autant ils
avaient l'air lugubre en allant,
autant ils semblaient joyeux en
revenant. Le proviseur surtout était
transfiguré.

» — Enfin, disait-il, tout en s'avançant à
grands pas, voici la justice de Dieu ! La Pro-
vidence nous devait ce beau jour !

» Pendant ce temps-là, nous nous répé-
tions dans les rangs les uns aux autres que

nous avions retrouvé notre père ; et que l'aumonier l'avait dit ! Quel père ? Le proviseur nous l'apprit : c'était notre roi ; le roi légitime, le frère du roi-martyr, Louis XVIII, qui nous rapportait de l'exil toutes les vertus ; la foi d'abord, qui était la vertu par excellence. Il nous rapportait aussi le pardon et l'oubli.

» Ainsi nous étions pardonnés ! Quoique aucun de nous ne pût dire ce qu'on avait à nous reprocher, cette assurance nous remplit de joie ! Nous criâmes : « Vive notre roi ! Vive notre père ! Vive le meilleur des rois ! » Ces acclamations durèrent long-temps. Nos maîtres ne paraissaient pas se lasser. Il y en avait toujours un, quand on croyait tout fini, qui criait encore quelque chose. Le professeur de cinquième, pour montrer ses connaissances littéraires, s'avisa de crier : *Feliciter ! Feliciter !* ce qui était le cri qu'on poussait à Rome sur le passage des triomphateurs. Mais il oubliait, le malheureux, que ce cri pouvait se traduire à volonté par : « Vive l'empereur ! » ou par : « Vive le roi ! » Les rhétoriciens nous l'apprirent en sortant.

» — Non, monsieur, dit sévèrement le proviseur, en jetant à M. Lemaire un regard terrible : Vive le roi Louis XVIII ! Vive Louis le Désiré !

» Ce que nous comprîmes de plus clair dans cet événement, c'est que nous avions trois jours de congé.

» Nous vîmes, en revenant trois jours après, de grands changements. L'État, comme vous le savez de reste, mon cher confrère, n'est pas seulement chargé de former les intelligences ; il forme aussi les consciences, d'après un étalon déposé au chef-lieu de l'Université. C'est même sa plus belle attribution et sa raison d'être. Quand une famille livre son enfant à l'État, c'est pour qu'il le rende autant que possible conforme à l'étalon. Voyez Louis XIV. Rappelez-vous la révocation de l'édit de Nantes. Nous trouvâmes, au bout de trois jours que notre étalon était brisé et remplacé par un étalon nouveau. D'abord le nom de « Lycée impérial » avait disparu de la façade. Il était remplacé par ces mots : « Collège royal de Louis-le-Grand. » Il y avait des drapeaux blancs à toutes les fenêtres donnant sur la rue. Au dedans, la porte de la chapelle était pavoisée de rubans blancs. Tous les rubans de la femme du proviseur et de ses filles y avaient passé. L'aumônier avait fait faire une belle inscription, en lettres d'or, fixées sur une nappe avec des épingles : « Vive le Roi ! Vive la Foi ! » On sonna une cloche qu'on avait arborée dans la cour et qu'on nous dit être l'ancienne cloche d'avant la Révolution, retrouvée dans un grenier.

» Cette cloche à l'avenir remplacerait le tambour. Ce détail ne fut pas très populaire. Il nous fit trembler pour notre drapeau. « Qu'est-ce qu'un bataillon sans drapeau ? » disions-nous déjà ; mais notre inquiétude fut de courte durée, le proviseur déploya avec majesté un nouveau drapeau, en soie blanche, toute brochée de fleurs de lis d'or, et qui était, nous dit-il, un don de la duchesse de Berry à ses élèves du collège Louis-le-Grand. « Vive la duchesse de Berry ! Vive la famille royale ! Vive le roi ! » La messe fut chantée en musique ; le collège s'était mis en frais. Le curé de Saint-Étienne-du-Mont entonna le *Te Deum*. On nous donna un verre de champagne au des-

sert, avec un biscuit et une orange. Ce fut
une journée d'enivrement.

» Le lendemain, autre découverte. D'abord
on nous réveilla au son de la cloche ; puis
ce fut encore au son de la cloche qu'on nous
appela à la récréation et à la classe ; il nous
sembla qu'on sonnait la cloche toute la journée. La prière du matin fut plus longue
qu'à l'ordinaire, parce qu'on y ajouta une
prière, en latin. pour le roi et la famille
royale. En passant devant le râtelier d'armes, nous vîmes que les armes avaient disparu. On nous dit une messe basse avant la
classe, et on nous fit savoir que nous aurions la messe tous les jours, et le catéchisme deux fois par semaine. A la place du
catéchisme, la seconde. la rhétorique et la
philosophie, réunies toutes ensemble, auraient des conférences auxquelles le proviseur assisterait. Les classes commencèrent
par le *Veni, sancte Spiritus*, et se terminè-
rent par le *Sub tuum præsidium confugi-
mus*. Il en fut de même des études. Au
réfectoire, on dit le *Benedicite* et les *Grâces*.
Mais avant le *Benedicite*, le censeur récita
l'*Angelus*. On nous lut un sermon de Mas-

sillon pendant le repas. Le soir, il y eut une lecture de piété, d'un quart d'heure, avant d'aller nous coucher, pour nous endormir sur de saintes pensées. On ajouta à nos leçons trois versets de l'Évangile, en français pour les petits, en latin pour les moyens, et en grec pour les rhétoriciens et les philosophes.

» Dans ce temps-là, on ne parlait que latin en philosophie ; le professeur faisait la leçon et interrogeait en latin ; les élèves répondaient en latin. On reprit les exercices d'argumentation qui avaient disparu « pendant les troubles », et on vit renaître les beaux jours des syllogismes en *baroco* et en *baralipton*.

» Les changements ne furent pas moindres sur nos personnes. Le drap bleu disparut pour être remplacé par le drap marron. Les boutons de métal jaune à l'aigle impériale firent place à des boutons de métal blanc fleurdelisés. Au lieu des guêtres montant à mi-jambe, nous eûmes des bas de laine noire attachés au-dessus du genou par des jarretières à boucles. Il s'ensuivit dans les premiers temps beaucoup de rhumes de cer-

veau. On nous donna pour couvre-chef une es
pèce de tricorne. Ce déguisement ne fut pas
de notre goût. Il y eut parmi les grands quelque commencement de révolte au sujet du tricorne. On se moquait de nous quand nous passions dans les rues ainsi accoutrés. Ma mère,
qui était bonapatiste, parce que l'empereur
lui avait tué son mari et son frère unique,
pleura toutes les larmes de son corps
quand elle me vit, comme elle disait, habillé
en jésuite.

» Nous apprîmes vers ce temps-là que la
distribution des prix serait retardée de dix
jours, et n'aurait plus lieu que le 25 août,
jour de la Saint-Louis. Toutes ces conver-
sions, imposées si subitement, manquèrent
leur effet. Nous devînmes des insurgés au
fond du cœur. A Napoléon et Louis XVIII
nous n'entendions pas grand'chose, sinon
que le premier gagnait des batailles, et
qu'on traînait l'autre dans un grand fauteuil;
mais nous en voulûmes surtout à l'aumônier, à ses prières espacées d'heure en
heure, à ses messes de tous les jours, et aux
billets de confession. qui ne tardèrent pas à
faire leur apparition. Nous trouvâmes que

l'État nous maniait trop et nous imposait trop de grimaces. Nous sentîmes confusément que nous avions une conscience, sur laquelle on portait la main. S'asseoir, se lever, marcher, au commandement; aller à droite et à gauche; apprendre par cœur ceci ou cela ; répéter telle ou telle leçon, accepter sans mot dire l'opinion du maître, porter le même uniforme, faire les mêmes gestes ; s'amuser, par ordre, des mêmes jeux, c'était bien ; c'était le seul moyen de faire de

nous des hommes libres ; nous le savions. Mais aller jusqu'à régler nos sentiments intimes et nos croyances religieuses, il nous semblait à tous que cela dépassait les bornes, et nous en vînmes à nous persuader qu'on était plus libre que cela sous l'aigle de Corse.

» Je vous laisse à penser ce qui nous arriva en 1815, nos transports au 20 mars, nos désespoirs au 8 juillet, et le parfait mépris que nous inspirèrent nos maîtres, qui passèrent trois fois d'un enthousiasme à un autre. Il nous semblait que nous n'avions plus affaire qu'à des comédiens, qui changeaient de costume et de rôle au moindre signe du régisseur. Pour moi, qui étais né misanthrope, je le devins plus que jamais, et je m'isolai de plus en plus. La philosophie me dégoûta, avec ses belles maximes si contraires à la pratique. Je me réfugiai dans les lettres, et dans les lettres latines. Je vécus avec Cicéron, avec Tite-Live, avec Tacite. J'appris tout Virgile par cœur.

» On me laissa dans cette compagnie. On me recevait dans le monde, quand j'étais forcé d'y apparaître, comme une sorte de spectre qui se serait faufilé par mégarde avec les vivants. J'entrai à l'École normale en 1820. Je n'eus que vingt pas à faire, puisqu'elle était dans cette maison. Il s'agissait de passer d'une chambre dans une autre. J'y restai jusqu'en 1822. J'en sortis tout juste au moment où on la supprimait.

Je revins alors de ce côté-ci de la maison, comme professeur de quatrième. Quand on rouvrit l'École normale en 1826, sous le nom d'École préparatoire, j'y fus appelé comme répétiteur. Ce n'était alors qu'un simulacre d'École normale. M. de Vatimesnil la rétablit complètement en 1828. Il fallut la révolution de 1830 pour lui rendre son nom. A présent je suis professeur de rhétorique dans mon collège Louis-le-Grand, et professeur d'histoire de la littérature latine dans mon École normale. J'ai beau être deux fois professeur, ce qui domine en moi, c'est l'écolier. Je suis comme ce prisonnier qui avait été renfermé si longtemps, qu'une fois rendu à la liberté, il s'étonnait toujours de faire quelques pas sans être accompagné par un gardien. Je ne me sens un homme que quand je suis dans mon cabinet, seul à seul avec mes amis, les poètes et les historiens romains. Partout ailleurs je ne suis qu'un grand enfant maussade et timide. Je me félicite au moins, dans mon malheur, d'avoir sauvé la liberté de mon esprit, grâce aux scandaleuses apostasies de 1814 et de 1815. »

Telles furent les confidences de M. Antoine, que j'écoutai avec attendrissement et respect, non sans faire quelque retour sur moi-même. Il devint à partir de ce jour un de mes plus chers amis. Je ne vous apprendrais pas grand'chose, si je vous disais son véritable nom ; à moins cependant que vous ne soyez du métier. C'était un de nos premiers humanistes, et un homme d'un esprit rare et charmant. Mais c'est bien la peine d'avoir de l'esprit, quand on n'a pas l'esprit de s'en servir !

PIERRE GUÉRIN

PIERRE GUÉRIN

Un de mes élèves que j'ai le plus aimés,
est Pierre Guérin. Je lui trouvais, quand il
était à l'École normale, toutes les qualités.
Il avait beaucoup de talent et d'esprit; il
travaillait vigoureusement; c'était un beau
garçon, à faire tourner la tête des filles,
et avec cela d'une sagesse exemplaire.
Un de ses grands mérites à mes yeux

était .d'être toujours de belle humeur.

J'étais son professeur de philosophie,
mais nous étions du même âge. Vapereau
lui donne même six mois de plus. Cela tient
à ce que j'étais entré à l'École à dix-sept
ans, et qu'il y entra à vingt-deux. Il fut un
des premiers élèves de l'École d'Athènes.
Quand il en revint, il aurait pu aisément
trouver un emploi à Paris. Mais, à notre
grand étonnement, il demanda la chaire de
rhétorique du collège de Rennes.

C'est qu'il était amoureux, mon ami
Pierre. Il avait vingt-huit ans. Depuis plusieurs années, il était fiancé avec une jeune
fille dont il était follement épris, et qui, de
son côté, l'adorait. On ne pouvait s'empê-
cher de dire, en les voyant, qu'ils avaient
eu l'un et l'autre, le jour de leurs fiançailles,
un jour de bonheur. On ferait, j'en suis
sûr, un joli petit livre avec leur correspondance, pendant que Pierre était à Athènes
et à Rome. De retour dans son pays, il
pensa que, même sous les brumes de la
Bretagne et dans les vieilles rues de Rennes,
il retrouverait le beau ciel de la Grèce et
tous les enchantements de l'art en regar-

dant les yeux de sa maîtresse. Son mariage
eut lieu au mois de novembre, pour ne pas
perdre de temps. Je fus un de ses témoins
dans cet heureux jour. Ils me firent pro-
mettre d'aller les voir aux vacances pro-
chaines. Je n'y manquai pas.

J'avais alors de la famille en Bretagne
un peu partout, et je regardais Pierre et sa
femme comme faisant partie de ma famille.
La petite s'était avisée, par câlinerie, de
m'appeler « mon oncle ». Je devais ce titre
vénérable à ma qualité de professeur de
son mari, car je n'étais guère pour elle
qu'un frère aîné. Ils avaient deux cham-
brettes sous les toits, dans une belle maison de la place du Palais. Lucile y entre-
tenait une propreté admirable, et avait
réussi à les rendre élégantes avec quelques
lambeaux d'étoffes claires rapportées d'O-
rient par son mari, et les photographies
des principaux monuments d'Athènes. Ils
m'apprirent qu'ils vivaient comme des sauvages, c'est-à-dire qu'ils ne voyaient personne, parce qu'ils se suffisaient l'un à
l'autre. Ils passaient leurs soirées d'hiver à
travailler et à bavarder; Lucile tapait joli-

ment sur son petit piano, pas assez pour
se permettre des morceaux de bravoure, ce dont je félicitai son
mari, assez pourtant pour accompagner des airs favoris,
qu'elle chantait d'une voix
très douce, très juste et
un peu tremblotante.
L'été, ils faisaient après
dîner de longues

promenades dans les
environs de Rennes, qui sont
charmants. Pierre s'était fait
une petite bibliothèque de deux ou
trois cents volumes très habilement
choisis. Il s'était mis dans la tête d'apprendre

le grec à sa femme, qui, de son côté, lui
apprenait l'anglais. A les en croire, chacun d'eux avait lieu de se glorifier des
progrès de son élève. Il leur vint en deux
ans deux bébés, un garçon et une fille.
Avec l'amour et la jeunesse, que pouvaient-
ils désirer de plus?

Quand je revins, à la fin de 1845, pour
être le parrain de Juliette, je crus pourtant
voir un peu de tristesse dans les yeux de
son père. Lucile aussi, quand elle ne s'ob-
servait pas, semblait en proie à la mélancolie. Je les interrogeai, ce n'était rien. Je
les pris à part; Pierre me répondit par des
plaisanteries; je vis que Lucile était émue,
je la pressai, et elle m'avoua que Pierre
semblait dégoûté de son état, qu'il n'allait
plus au collège que malgré lui, qu'il faisait
mal sa classe, et qu'il avait des ennuis avec
son proviseur. Je fus bien soulagé en l'en-
tendant. Je me moquai d'elle, et je lui dis
que je verrais le proviseur, et que je saurais à quoi m'en tenir.

Je tins ma promesse; mais je trouvai le
proviseur plus sérieusement préoccupé que
je ne m'y attendais.

— Votre ami, me dit-il, a beaucoup d'esprit et de connaissances, mais il n'a jamais été un professeur. Il est par lui-même si aimable que nous y avons tous mis du nôtre pour lui épargner des ennuis, mais la situation empire de jour en jour, au point de n'être plus tolérable. Il n'est même plus exact aux heures de classe, ce qui, comme vous savez, est sans exemple dans l'Université. Il ne corrige plus les devoirs. Il récite ses leçons, comme un mauvais élève récite un pensum. Voulez-vous entrer dans sa classe? me dit-il. Vous entendez d'ici le bruit qu'on y fait. Cela devient scandaleux. Je serai obligé d'avertir les inspecteurs généraux. Conseillez-lui, cher monsieur, de demander un congé. Il n'y a plus pour lui que ce moyen de salut.

Je confessai Pierre après cette conversation.

— Eh bien, oui, me dit-il après s'être défendu quelque temps, le métier que je fais m'est odieux. Mes confrères sont des cuistres, mes élèves de jeunes idiots qui ne pensent qu'à être bacheliers, et ne lisent Corneille qu'autant qu'il le faut pour répondre aux examinateurs. Nous sommes idiots nous-mêmes avec nos examens et nos chinoiseries. Tout cela me répugne et m'ennuie. J'aimerais mieux être commis de bureau, percepteur, conducteur de travaux. Je m'ennuierais ferme, mais on ne me parlerait pas de sacerdoce, de services rendus au pays, de dévouement à l'humanité. Mes chers poètes eux-mêmes ont perdu toutes leurs grâces depuis que je suis obligé de les ouvrir chaque année à la même page, de les accompagner des mêmes commentaires et de les entendre ânonner de la même façon.

Il m'en dit comme cela pendant toute une heure. J'étais comme le supérieur d'un couvent de moines à qui un novice vient déclarer qu'il n'a plus la vocation et qu'il veut aller voir le monde d'un peu plus près.

Il y avait pourtant une différence notable : c'est que le supérieur en question tremble pour l'âme de son néophyte, et que je ne tremblais encore que pour la bourse de mon camarade. Ma première pensée fut qu'il avait été saisi par quelque passion violente pour le théâtre, ou pour le bar-

reau, ou pour la politique. Non ; il ne sentait rien que le profond dégoût du métier.
Il continuerait à tourner la meule, et même
il essayerait de mieux faire. Il en sentait la
nécessité ; il espérait en avoir la force. Je
sus par Lucile, avec qui

j'eus une
triste et longue con-
versation, qu'il ne
travaillait même plus chez lui. Il n'ouvrait
plus un livre. Il s'ennuyait, il bâillait, il l'em-
brassait. Ce n'étai plus le même homme,
toujours en joie, causant, travaillant, rem-
plissant la maison de son bruit. Il se traînait à présent comme un malade. « Qu'est-c

que c'est? » me disait Lucile en me dévisageant de tous ses yeux. Elle croyait à quelque maladie mystérieuse; mais c'est l'âme seule qui était malade.

— Voyons, dis-je à Pierre en le quittant. vous avez trente ans. Votre famille n'a d'autre ressource que votre travail. Si vous perdez votre place, vous êtes tous réduits à la misère. Cela mérite pourtant un effort. C'est une question de devoir, une question d'honneur.

— Je ferai cet effort, me dit-il d'un air découragé. Oui, oui, ajouta-t-il en se redressant, en s'échauffant, je le ferai. Ma pauvre Lucile!

— Il est trop tard, ajoutai-je pour changer de carrière; mais vous pouvez changer de situation tout en restant dans l'Université. Faites-vous recevoir docteur; nous trouverons bien quelque part un camarade qui vous donnera sa suppléance dans une Faculté.

Il me remercia avec chaleur d'avoir eu cette pensée.

— En effet, me dit-il, on peut poursuivre une étude dans un cours public. Ce n'est

pas tous les ans le même programme. On
peut y rencontrer de loin en loin un auditeur qui comprenne.

Il se frappa le front :

— J'ai mon sujet ! Avant un an, on verra !

— Envoyez-moi votre thèse quand elle
sera faite, lui dis-je ; je la porterai moi-
même à M. Le Clerc.

Je me promettais de ne la remettre qu'a-
près l'avoir lue la plume à la main.

J'avais mis cette idée du doctorat en
avant, parce que je pensais qu'il fallait à
tout prix le réveiller, le faire travailler. Au
fond, je n'en espérais pas grand'chose. Le
cher garçon, qui était étincelant dans la
conversation (avant cette crise), était tout
embarrassé et tout décontenancé dès qu'il
fallait faire une exposition suivie. Il écrivait
bien, causait à merveille, et parlait mal. Je
m'étourdis pour l'heure sur ce détail, et je
me dis : « S'il travaille pendant six mois,
il est guéri. »

Tout sembla d'abord me donner raison.
Lucile m'écrivit que la gaieté revenait, que
la classe allait mieux, qu'il la faisait sans
goût, mais avec soin ; que le proviseur était

frappé du changement ; qu'elle avait eu avec lui une entrevue ; qu'il lui avait dit pour la première fois des paroles encourageantes. « Quelle bonne inspiration vous avez eue, mon oncle ! » disait la pauvre enfant, qui croyait le mal vaincu. Pour moi, j'étais loin d'avoir la même confiance.

J'ai toujours cru qu'il y a des maladies de l'âme, comme des maladies du corps. Il est très difficile d'en établir le diagnostic. Elles portent sur des phénomènes d'une extrême délicatesse ; on ne peut les faire naître à volonté pour les soumettre à l'observation ; on est obligé, la plupart du temps, de les étudier sur soi-même, et ils se produisent toujours avec des phénomènes connexes, dont il faut les distinguer et dont on ne peut pas les séparer. Je voyais, en observant Pierre Guérin, qu'il cessait de travailler, et qu'il cessait même, à certains moments, de gouverner sa pensée ; mais je ne savais pas si cette inertie provenait d'une affection anormale de la sensibilité, ou de l'anéantissement progressif de la faculté de vouloir. Ce dernier cas aurait été très redoutable ; car la volonté est l'essence de la vie, et, comme elle ne produit qu'un phénomène toujours le même, à savoir la volition, avec des différences de degré dans l'effort, il me semblait impossible de la faire renaître si elle était atrophiée. S'il ne s'agissait au contraire que d'une perversion de la sensibilité, j'entrevoyais deux remèdes : ou triompher d'une déplaisance toute locale, ou lui céder, et employer la volonté à d'autres usages que ceux qu'elle repoussait si ouvertement.

J'avais eu, par le conseil que j'avais donné à Pierre, un premier succès. Il travaillait à sa thèse; donc il voulait travailler, il voulait penser. Il n'était pas absent de chez lui. Sa volonté subsistait : c'était un grand point. D'autre part, le dégoût que lui inspiraient ses fonctions, ses anciennes études, et la plupart des actes qui constituent la vie commune, était si persistant, l'effort qu'il était obligé de faire pour ne pas s'abandonner au découragement absolu, était si pénible, qu'il y avait évidemment de ce côté-là un mal profond, et peut-être incurable.

Je connaissais le docteur Aussant, directeur de l'École de médecine et médecin du collège royal. C'était un praticien consommé, qui avait à mes yeux le grand avantage de considérer la psychologie comme une partie essentielle de la médecine. Je le priai, en partant, de surveiller mon ami sans en avoir l'air, et il s'associa d'autant plus à mes sollicitudes, que le cas était intéressant à étudier au point de vue médical. Il constata, au début, deux symptômes favorables : d'abord le malade travaillait à un ouvrage qui paraissait lui plaire, et, secondement, en dehors de ce travail, il se contraignait à remplir ses devoirs d'une façon à peu près complète.

« Nous sommes sur la voie d'une guérison, » m'écrivait-il. Mais il ne tarda pas à devenir alarmiste : « Il n'y a pas de ralentissement dans le travail de la thèse, m'écrivait-il plus tard, mais ce travail devient de plus en plus absorbant. Ce n'est plus du dégoût que lui inspire la besogne courante, c'est de la haine. Il tient des propos, il mène une conduite que je regarde comme les prodromes de la folie. » J'avais parfois des scrupules ; cela n'est peut-être, pensais-je, qu'un défaut de caractère, et nous n'avons pas le droit, sous prétexte de médication, de le soumettre à une sorte d'espionnage. » Mais M. Aussant me répondait : « C'est une maladie! » Enfin, je copie ces paroles dans une lettre écrite par lui en juin 1847 : « Je n'ose plus souhaiter, comme autrefois, une grande commotion de douleur ou de colère, car un accès de folie furieuse est positivement à craindre. »

Cette lettre m'effraya d'autant plus, que je redoutais le moment où la thèse serait présentée. Il pouvait y avoir là une déception très amère, dont je ne pouvais prévoir les suites. J'avais cessé, dans mes lettres, de lui parler de cette grosse affaire, parce que mes questions paraissaient l'importuner; mais, quand cette nouvelle inquiétude me saisit, je n'y tins plus, et je lui demandai carrément si sa thèse avançait. Il me répondit : « Elle est chez le doyen. »

Ainsi, il m'avait tenu en dehors jusqu'au bout. Je courus chez M. Le Clerc. C'était, sous un aspect bourru, le plus bienveillant des hommes. Il occupait à la Sorbonne un appartement encombré de livres. Il fallait

monter deux étages par une sorte d'escalier de service. Il ouvrait la porte lui-même,
et vous disait de vous asseoir si vous trou-
viez une chaise libre. Ce n'était pas facile,
car il y avait des bouquins partout. Je lui
parlai de Pierre
Guérin.

— Ah! vous le connaissez? me dit-il.
C'est un fou!

Je fus atterré de ce début. J'avais espéré
que le doyen me chargerait officiellement
de la lecture de la thèse, et je me propo-
sais, s'il y avait des extravagances, d'ame-

ner l'auteur à la recommencer ou à l'améliorer d'après mes conseils. Et le doyen l'avait lue! Lue et condamnée, sans doute, puisqu'il traitait si sévèrement l'auteur.

— Condamnée, n'en doutez pas. Je la lui ai même renvoyée.

Allons, tout est perdu, pensai-je en moi-même.

— Et pourrais-je savoir quel était le sujet?

— C'est un mémoire sur Forbonnais.

— Un sujet intéressant, si je ne me trompe.

— Sans doute, dit le doyen, de l'air d'un homme qui reprochait à ce Forbonnais de n'avoir pas écrit en latin. Il y a peu de détails biographiques, ajouta-t-il ; rien de nouveau. Forbonnais n'est qu'un prétexte pour développer la théorie de l'impôt sur le revenu...

L'impôt sur le revenu en Sorbonne! et en 1847! Il ne me restait qu'à me retirer. Je devais ressembler à un condamné qui vient d'entendre sa sentence.

— Conseillez-lui de faire bien sa classe et de ne plus songer à écrire, me dit le doyen avec bonté.

Je fis le voyage de Rennes pour savoir où

on en était. C'était alors, et pour moi surtout, une grosse affaire. Ils vinrent me recevoir au bureau de la diligence Je les
déterminai, non sans peine, à dîner avec
moi à la Corne de Cerf, où je descendis.
Pierre n'avait plus l'air languissant que je
lui avais vu à ma précédente visite. Il était
fiévreux et agité. Je lui dis que j'irais le
voir le lendemain. Il tira alors un paquet du
fond de ses poches :

— Tenez, dit-il, lisez cela avant de venir.
Vous m'en direz votre avis.

C'était sa thèse. Je la lus tout d'une
haleine. Je trouvai le doyen sévère, non
dans sa décision, qui s'imposait; mais dans
son jugement. C'était presque un acte de
folie d'avoir voulu faire discuter l'impôt
sur le revenu en pleine Sorbonne. J'aurais
voulu voir mon bon Damiron aux prises
avec un pareil morceau! et entendre les
éclats de la colère de Cousin! Mais cela dit,
je trouvais à ce travail des mérites de diverses sortes. Le style était bon, sans
éclat et sans prétention; le plan était bien
conçu; les développements se succédaient
avec clarté et méthode. Le procès aux

anciens impôts et au mode de recouvrement des impôts sous l'ancien régime était fait avec une force et surtout une compétence qui me surprirent. Point de déclamations; des faits seulement, mais accablants. La partie faible était le remède proposé. Il imaginait un dénombrement exact des revenus, qui ne serait, disait-il, ni plus choquant ni plus difficile que le cadastre. Il décidait tout par des règles générales, et ne laissait rien au libre arbitre des répartiteurs. En revanche, il ouvrait toutes les serrures, et mettait à nu tous les mystères. La fameuse forteresse de la vie privée était démolie; on vivrait désormais sur la voie publique. Cet impôt sur le revenu était aussi un impôt progressif. Nul pour les ouvriers, qui cessaient de concourir aux charges de l'État, il était accablant pour les patrons, et équivalait presque à une expropriation pour les riches. Qui s'en serait douté? Ce professeur de rhétorique était un socialiste et un démocrate très redoutable. Il n'attendit pas ma visite, et me trouva encore dans mon lit, avec son manuscrit à côté de moi. Je lui parlai avec sincérité. Il m'écouta avec calme. Je l'en félicitai. Il me répondit :

— Votre jugement me fait plaisir. J'étais sûr de votre réprobation pour les idées ; mais je craignais une critique sévère pour le style et la façon. Ainsi mon livre a du bon... Je vais le publier.

Je n'avais prévu rien de semblable. Je vis sur-le-champ cette pauvre famille dans la plus complète misère, et mon ami transformé en chef de secte, traqué par la police, poussé peut-être à d'autres insanités. Je passai avec lui et Lucile une journée terrible. Lucile pleurait silencieusement, et me serrait la main quand je parlais des enfants. Je le pris de haut avec lui vers la fin. Je lui dis qu'il était un mauvais père. Il ne se fâcha pas.

— C'est le commencement, disait-il. C'est mon martyre qui commence ; mais je ne déserterai pas la vérité.

Je sortis avec violence. Mais je le retrouvai à la diligence comme je partais, aussi doux pour elle et pour moi, mais aussi obstiné. Il me dit, au milieu des larmes de sa femme, que sa décision était irrévocable ; qu'il avait trouvé un imprimeur.

— Il se ruinera! m'écriai-je.

— Non, répondit-il. Je lui ai souscrit des billets. Il ne perdra rien, quoi qu'il arrive.

Des billets! et il n'avait rien, pas même sa place. J'eus une sorte de soulagement quand la diligence s'ébranla, car cette scène m'oppressait. Je me penchai pour les voir encore au moment où la route faisait un détour. Lucile sanglotait sur l'épaule de son mari. Il avait l'air sombre, mais résigné. Il aperçut mon mouvement, et m'envoya un baiser. Je me rejetai vivement en arrière.

J'étais servi à souhait! Il était évidemment guéri de son anémie mentale, mais pour tomber dans un accès de folie furieuse. Qu'allaient ils devenir? J'en avais parlé un instant avec Lucile, pendant qu'il était retenu au collège. Elle avait dit le mot de toutes les femmes : « Je travaillerai! » A quoi, malheureuse! Elle n'était même pas bonne à être servante.

On n'eut pas besoin de le destituer. La révolution de Février eut lieu au moment où sa brochure allait paraître. Il donna sa démission, et se porta candidat dans l'Ille-et-Vilaine. La brochure lui servit de profession de foi. Les paysans bretons ne savaient pas ce qu'il leur voulait avec ce Forbonnais; mais quand on leur dit qu'il proposait un impôt nouveau et qu'il menaçait la propriété, ils comprirent fort bien, et se disposèrent à le recevoir à coups de fourche. Il parcourut à pied plusieurs villages où on lui jeta des pierres. Il ne fut pas plus heureux à Rennes. On alla l'écouter par curiosité. On le siffla à outrance. La police fut obligée de le protéger. C'était le temps où l'évêque, Mgr Saint-

Marc, dictait leur choix aux électeurs du département. Toute sa liste, composée de légitimistes et de catholiques, passa à une très forte majorité; les libéraux réunirent quelques centaines de voix. Quatorze enfants perdus avaient voté pour Guérin, en dérision du suffrage universel. Le séjour de Rennes lui devenait impossible. Il fit ce que font tous ceux qui ne savent plus que faire : il vint à Paris.

Il y arriva le 14 mai 1848, la veille d'une insurrection. J'étais dans la cour des Messageries Laffitte pour les recevoir. J'eus le cœur serré quand je les vis descendre de l'impériale en portant dans leurs bras les deux enfants. Lucile se jeta à mon cou. On leur remit une malle.

— C'est tout votre bagage?

C'était tout. J'avais fait venir un fiacre. Pierre me dit en chemin que ses créanciers avaient eu la générosité de ne pas saisir ses meubles, et qu'il les faisait venir par le roulage.

— Je n'ai gardé, dit-il, que le strict nécessaire.

Je craignais l'impression que leur ferait

la triste chambre que je leur avais retenue,
avec ses murailles sans papier, sa fenêtre
unique sur une cour humide et obscure, et
les odeurs auxquelles ces sortes de loge-
ments sont condamnés par un déplorable
système de construction. Je vis que chacun
d'eux ne pensait qu'à faire
bonne   contenance
pour ne pas affli-
ger l'autre.
Mon ami

Pierre, au milieu de ses folies, était resté
le meilleur des maris, aimant sa femme
comme au premier jour, et ne souffrant de
la position qu'il s'était faite, qu'à cause
d'elle. Je le savais. et je le voyais, et c'était
ma grande espérance de guérison et de
salut. Il y avait dans la chambre deux lits

de fer, six chaises de paille et une mauvaise table. Je fus surpris en entrant de voir un rideau de percale à la fenêtre; mais je vis presque aussitôt sur la table un pain, quelques bouteilles, une grande pièce de bœuf, et je compris que ma jeune femme (j'étais marié depuis un an) avait passé par là tandis que j'allais aux Messageries. Elle ne connaissait pas mes amis, et ne les connut que beaucoup plus tard, Guérin ayant expressément déclaré que sa femme ne verrait personne tant qu'ils seraient dans cet état de misère complète.

Nous sortîmes lui et moi pour un moment, car il n'y avait pas d'autre moyen de laisser Madame Guérin seule avec ses enfants que de se tenir sur l'escalier noir, ou de sortir dans la rue. J'offris à Guérin ce que j'avais d'argent. Ce n'était pas gros. J'étais alors député, et je n'avais pour toute fortune que mes vingt-cinq francs et une petite rente appartenant à ma femme. Il refusa avec fermeté.

— Je serai peut-être obligé d'en venir là, me dit-il; mais j'attendrai la dernière extrémité. J'ai du pain pour deux mois. Je suis guéri, me dit-il avec un sourire triste. (Il le croyait, et je partageais sa croyance.) Je donnerai des leçons si vous pouvez m'en trouver, je tiendrai des écritures, je serai copiste, ouvrier, homme de peine, ce qu'il faudra. Ce sera bien difficile?

— Oui, lui dis-je; Paris est encombré de gens qui viennent de perdre leur fortune ou leur emploi.

— Mais vous pourrez me faire entrer aux ateliers nationaux? Je traînerai la brouette, dit-il en s'efforçant de pousser un éclat de rire.

— Je ne sais ce que je pourrai, mais je chercherai de tous les côtés. J'ai déjà fait quelques démarches...

Je me demandai, en les quittant, quelles allaient être leurs pensées dans ce taudis; s'ils dormiraient la nuit sur ces grabats; si Lucile, qui allait faire la besogne d'une servante pour quatre personnes, ne succomberait pas à tant de fatigue. La petite fille était pâlotte et tout alanguie. C'était peut-être la fatigue de la route; peut-être la nouveauté de la situation, et les privations qui se faisaient déjà sentir. Si elle allait tomber malade!

Une seule chose me ranimait : c'était l'état d'esprit dans lequel j'avais trouvé Pierre. Le bon sens et la volonté semblaient revenus. Ce point était capital. Mais à quelles difficultés nous allions nous heurter, c'est ce que pourront seuls comprendre ceux qui ont vécu à cette époque où tout était remis en question. Quatre-vingt-treize venait de faire irruption tout à coup dans une société uniquement occupée d'affaires et de plaisirs, et qui se croyait à jamais débarrassée des révolutions. On n'avait pas trouvé d'autre moyen, pour parer au plus pressé, que de charger vingt mille hommes de traîner sur des brouettes une quantité de terre prise à la droite du Champ-de-Mars, et de la déposer à la gauche; sauf à la prendre ensuite à la gauche pour la rapporter à la droite où on l'avait prise. On leur donnait pour cela trente sous par jour. « Que vais-je faire de lui? » me disais-je en me hâtant de retourner à la Chambre. J'avais eu les mêmes affres quatre ans auparavant, pour Le Bris; mais Le Bris n'était pas marié, tandis qu'ici!... Et puis, en 1844, il y avait une société, un gouvernement, un lendemain. La catastrophe de mes amis, coïncidant avec ce cataclysme général, rendait leur situation inextricable.

Saisset, à qui je confiai mes inquiétudes, me dit tout en m'offrant ce qu'il avait d'argent :

— On trouve toujours le moyen de vivre.

C'est la maxime avec laquelle se rassurent tous ceux qui ont le parti pris de ne pas y regarder. Je passais mes nuits à le chercher, ce moyen de vivre, et les journées à essuyer des refus de tous les côtés.

J'eus bien d'autres affaires en tête le lendemain. C'était le 15 Mai. La Chambre fut, en quelque sorte, prise d'assaut par les faubourgs. Tous les députés furent chassés ou s'enfuirent. A un moment, nous n'étions pas plus de vingt dans la salle, sur neuf cents. La foule venait par toutes les portes, grimpait aux fenêtres, glissait le long des colonnes qui supportaient les galeries. Les uns venaient individuellement ; c'étaient de simples curieux, ou de ces amateurs de désordre qui accourent partout où il y a un péril ou un spectacle. La plupart venaient par bandes, en poussant des cris

et en chantant la *Marseil-
laise*. Ils portaient des dra-
peaux et des écriteaux :
« Vive la sociale! Vive la
Pologne! A bas les riches!
L'Assemblée est dissoute! »
Les meneurs étaient furieux
et semblaient prêts à tout

renver-
ser; la foule
derrière eux
se livrait à
la joie inef-
fable de se
moquer des dé-
putés et des sergents
de ville à leur barbe. C'étaient plutôt des gamins de Paris que des insurgés.

On eût dit qu'ils n'étaient là que pour leur plaisir. Ils imitaient les cris des animaux, chantaient des refrains orduriers ou grotesques et faisaient penser à une descente de la Courtille. Je n'ai jamais vu un pareil entassement d'êtres humains, ni une foule aussi bruyante et aussi désordonnée. C'était un fourmillement et un étouffement général.

Le président Buchez avait disparu; Corbon, qui l'assistait comme vice-président, avait été culbuté. Un pompier, le casque en tête, était debout sur le bureau du président et agitait une loque rouge. Le pauvre Armand Barbès, un halluciné, criait du haut de la tribune :

— Frappons un impôt d'un milliard sur les riches!

Je vis tout à coup à côté de moi un représentant du peuple, couvert d'une blouse neuve et la tête coiffée d'une casquette (la mode du bonnet rouge n'était pas encore revenue). C'était un collègue de députation, et mon proche parent par alliance. J'étais avec lui, de longue date, dans des rapports d'intimité.

— Tu vois, me dit-il en rougissant, j'ai pris le costume de mes opinions!

— Tu n'es qu'un lâche, lui répondis-je. Tu vas quitter immédiatement cette défroque ou je te dénonce à Françoise.

C'était sa femme, dont il avait, fort heureusement, une peur horrible. Cette scène grotesque me rappela vivement Pierre Guérin. Je m'attendais presque à le voir parmi les envahisseurs.

Il était resté paisiblement chez lui, où je le trouvai en train d'écrire.

— Pendant que vous me chercherez des leçons, j'essayerai de faire des articles. En voici un que j'écris pour démontrer que la monnaie métallique est elle-même une monnaie fiduciaire. Tant qu'on n'en viendra pas à l'échange des produits utiles, les marchés ne seront que le résultat d'une convention arbitraire.

Ce titre et ce sujet me firent froncer les sourcils.

— Non, me dit-il. C'est une discussion historique et scientifique. Il n'y a plus d'accès à craindre.

Je m'assurai, par une longue conversa-

tion, que l'esprit avait repris son équilibre.
Il me parut même incliner vers les idées
conservatrices, comme un pendule qui ne
fait que traverser le milieu et va incessam-
ment de droite à gauche.

Le 15 Mai avait été le début d'une crise
violente qui aboutit aux journées de Juin.
Je le vis pendant ces six semaines toutes
les fois que cela me fut possible. Il jugeait
l'insurrection comme moi, plus sévèrement
que moi. Son passé, pourtant si voisin, ne
l'embarrassait pas. Il est certain qu'il l'avait
oublié. Il y a deux sortes de gens que leur
passé n'embarrasse pas : les fourbes et les
illuminés. Mon ami Pierre était revenu à sa
nature, qui était d'être un illuminé. Seulement, sa flamme, qui avait brûlé pour dé-
truire, brûlait maintenant pour conserver.
Il n'y avait pas d'autre changement. Il demanda un fusil à la mairie, et fut incorporé
dans la légion de son quartier. Il resta au
feu pendant les trois journées de Juin. Lucile, penchée à sa fenêtre, dévorait des yeux
les convois de blessés, et croyait qu'elle ne
reverrait jamais son mari.

Au milieu de ces tristesses, je n'oubliais

pas le mot de Pierre Guérin le jour de son arrivée à Paris :

— Nous avons dn | pain pour deux mois.

Je n'avais cessé de lui chercher des leçons, et il n'avait cessé de travailler à son article. Je réussis mieux que lui, car je lui trouvai trois leçons, tandis que son manuscrit lui fut renvoyé par Buloz sans un mot d'explication.

Je passais à la *Revue*, pour savoir s'il y avait lieu de tenter un autre essai. « Un économiste! » me dit le patron, avec un accent qui signifiait : « N'en parlons plus. » Il tolérait Michel Chevalier et Louis Reybaud parce qu'i   ient de l'esprit ; mais Gué-

rin. qui n'en manquait pas. avait un tel respect pour la *Revue des Deux Mondes,* qu'il
s'était attaché à être profond et n'avait
réussi qu'à être ennuyeux.

Nous eûmes quelques mois de tranquillité
relative. Guérin donnait régulièrement ses
leçons. Il avait changé sa chambre d'ouvrier
pour une chambre d'étudiant, qui était moins
triste sans être plus confortable. Lucile
avait pris une femme de ménage. Il était
temps. Non seulement ses forces s'épuisaient
dans cette besogne; mais j'étais obligé de
convenir qu'elle perdait à vue d'œil la distinction de ses manières. Il n'y a que dans
les romans qu'une héroïne triomphe des in-
justices du sort, et garde des airs de reine
en faisant le ménage et la cuisine. Elle se
contenait devant moi; mais je devinai, à
quelques signes, qu'il y avait dans le tête-
à-tête des moments difficiles. Ces légers
nuages disparurent, quand elle put reprendre
quelque chose de ses habitudes, et envisager
l'avenir avec moins de terreur. L'adversité
avait été pour lui une bonne école. Il avait
côtoyé deux abîmes. Il savait désormais
vouloir. Il ne connaissait plus ni les défail-

lances ni les emportements. Seulement, il sentait cruellement ce que sa position avait de précaire. Non seulement il était déchu par sa propre faute, mais il avait entraîné les siens dans sa déchéance. Lui qui avait tant dédaigné le métier de professeur dans un collège royal, il était réduit à préparer de mauvais élèves pour le baccalauréat. Il ne criait plus, comme autrefois, contre sa destinée; mais plus il se contenait, plus il souffrait. Je me demandais si ses forces ne le trahiraient pas, si ses élèves ne le quitteraient pas, s'il en trouverait d'autres. Je fis une démarche auprès de M. Le Sieur pour le faire rentrer dans l'Université, mais je vis qu'il n'y avait pas de grâce à espérer de ce côté. D'ailleurs, aurait-il voulu rentrer dans une condition inférieure; reprendre l'ancienne servitude?

Il ne se découragea pas après son échec à la *Revue des Deux Mondes*; ou du moins il fit comme s'il n'était pas découragé. Il courut les journaux, dans l'espoir que son titre d'agrégé et de normalien le ferait accueillir. Mais tous les directeurs étaient occupés à réduire leur personnel; il fut éconduit de tous les côtés. Il écrivit une nouvelle qu'il me montra. Je la lus avec étonnement. Était-ce bien lui? Il n'avait plus même de style. On sentait partout l'effort et la lassitude.

La carrière de l'enseignement et celle des lettres lui étant fermées, je me rejetai sur un emploi de secrétaire. S'il savait se plier à ce métier, il y serait évidemment très propre, parce qu'avec un esprit cultivé, il était accoutumé aux recherches. Je lui fis accepter cette idée, et je me mis aussitôt en quête. Lucile se livrait à cette espérance avec ardeur. « Nous aurions un fixe, » disait-elle. Elle m'expliquait déjà qu'elle mesurerait ses dépenses sur le revenu régulier, et que le produit des leçons ou des articles servirait à des améliorations; qu'elle aurait une réserve pour l'imprévu, pour les maladies.

La recherche fut longue, et mêlée de bien des déceptions. Je crus par deux fois avoir trouvé une situation. Il se présenta et ne put être agréé. L'un le trouvait trop qualifié pour être secrétaire.

— Un élève de l'École normale! disait-il. Je n'oserais pas lui dicter une lettre.

L'autre fut avec moi plus mystérieux. Je devinai qu'il y avait du Forbonnais dans cette affaire. Je le menai chez Philippe Le Bas, qui le chargea d'un article pour l'*Univers pittoresque*. Il le fit sur-le-champ et très bien, mais la rémunération était dérisoire. Nous pensâmes qu'il y avait ainsi à Paris un certain nombre d'entrepreneurs de copie, qui pourraient lui donner de l'ouvrage avec des conditions moins désastreuses. On le présenta à l'abbé Moignot, qui ne parlait de rien moins que de lui faire faire un volume à raison de cinq centimes la ligne. Il se récria. L'abbé lui dit qu'il avait des collaborateurs à ce prix-là tant qu'il en voulait, et de plus huppés que lui. Il lui montra une liste, dont le souvenir hanta pendant longtemps la pensée de Guérin et la mienne. C'est un genre de misère sur lequel les romanciers n'ont pas apitoyé le public. Un bohème m'assura qu'il vivait en écrivant des sermons.

— Les curés demandent du nouveau à leurs prédicateurs de carême, me dit-il. On est lassé de la prose de l'abbé Poule. On me donne un texte, avec la division en trois points, et je développe cela comme une amplification de rhétorique.

— Vos sermons, lui dis-je, doivent fourmiller d'hérésies.

— Pas autant que vous croyez. Je me tiens dans les généralités de la morale. D'ailleurs mon travail est revu, corrigé, expurgé. On m'assure que j'ai fait plus d'une conversion.

D'autres mettaient discrètement en vente des discours sur l'ensemble du budget, ou sur le budget particulier d'un ministère. Celui qui inventa la suppression des octrois fit fortune. Il démontra d'abord de plusieurs façons la nécessité de les supprimer; et il expliqua ensuite de quelle manière on pouvait s'en passer et les remplacer. Cela lui fit un fonds de magasin

dont cinq ou six députés tirèrent profit
pour se rendre célèbres. Il y avait aussi les
faiseurs de harangues officielles pour l'ouverture d'un comice, ou pour la remise d'un
drapeau, ou pour l'ouverture d'une mairie.
Je ne crus pas tout ce qu'on me disait;
mais j'acquis quelque érudition sur les cou-
lisses de l'éloquence. Pierre souriait mélan-
coliquement quand je lui faisais part de
mes découvertes, et me disait en haussant
les épaules : « Trouvez-moi des leçons » ;
à peu près comme il aurait dit : « Rame-
nez-moi aux galères. »

Je me rappelai à propos sa thèse sur Forbonnais. Elle était absurde comme thèse
proposée à la Sorbonne, et il l'avait rendue
plus absurde encore pour la transformer en
machine de guerre contre l'ordre social.
Mais l'idée d'un impôt unique n'est pas
absurde en soi; au contraire. C'est une idée
juste, mais impraticable. L'absurdité est de
ne pas tenir compte des difficultés de l'application. Je pensai aussi à l'article si dé-
daigneusement rejeté par Buloz. Il était
évident que, quand Guérin suivait sa pente
naturelle, il allait vers les idées économiques.

Pourquoi ne trouverait-il pas un économiste
ayant besoin d'un humble collaborateur
pour faire les recherches et préparer les
matériaux? Je me mis à chercher de ce
ôté-là.

Louis Reybaud, que je connaissais inti-
mement, était à cette époque plutôt roman-
cier qu'économiste. C'est le succès d'une
œuvre plaisante, *Jérôme Paturot*, qui le
lança dans ce que Cousin appelait « la littérature ennuyeuse ». Il me dit qu'il n'avait
pas de secrétaire, et ne se souciait pas d'en
avoir. Je pensai à Michel Chevalier, par qui
j'aurais dû commencer, et je résolus de lui
faire lire la thèse et l'article. J'y trouvais
des traces de talent, et j'espérais un peu que
Michel, qui, était un esprit sagace et sans
préjugés, en recevrait la même impression.
Il me dit d'abord qu'il avait un secrétaire
dont il était content; non pas un collaborateur, mais un manœuvre, qu'il chargeait de
copier des textes, de vérifier des calculs et
de courir après des documents. Il prit pourtant ma brochure et mon manuscrit, en me
promettant de les lire, et de voir « ce qu'on
pourrait tirer de mon bonhomme ».

Il n'en fallut pas plus à Lucile pour se persuader que son mari allait monter au rang de secrétaire d'un homme illustre. Elle voulut passer avec nous devant la maison de Michel, et dit à Pierre :

— C'est là que tu travailleras.

Je la grondai de ses extravagances; mais il se trouva qu'elle avait raison.

— Je vais essayer de votre Pierre Guérin, me dit Michel Chevalier. Il a de l'esprit, il n'est pas routinier; j'en tirerai peut-être parti. Mais je ne le prends qu'à l'essai, je ne lui donnerai que deux cents francs par mois, et je le ferai travailler ferme.

Huit jours après, l'accord était fait, et Guérin se mettait à courir les bibliothèques et les directions générales d'après les indications de son nouveau patron. Il faisait des résumés; il y ajoutait ses propres idées. Michel lisait, discutait. Évidemment, il se croyait en présence d'un homme. Guérin nous contait cela le soir, quand nous prenions l'un et l'autre un quart d'heure de répit après un rude labeur. Lucile me disait qu'il faisait cette besogne avec entrain. Il y trouvait évidemment la satisfaction de ses goûts.

Ce n'était pas comme les romans qu'il s'était contraint à écrire. Je jouissais de ce premier résultat, qui était de bon augure pour l'avenir. Je m'en étonnais en même temps. Quoi! l'économie politique allait-elle faire un miracle?

Je savais que Henri Martin s'était fait historien contre le vœu de son père, qui le destinait au notariat. Mais c'était l'histoire, une étude attachante entre toutes. Je savais aussi qu'on avait voulu faire de Scribe un avoué, et qu'il avait quitté la procédure pour le théâtre; mais c'était le théâtre, et c'était Scribe.

Je ne crois pas qu'il se soit jamais dit, avant tout succès : « Je passerai ma vie à écrire des pièces. » Un sujet l'avait tenté; il s'était mis à écrire, comme une jeune fille se met à danser au son de la musique. L'œuvre une fois faite, il avait eu du plaisir à la lire; les compliments étaient venus, et le bonheur, toujours si grand à vingt ans, de voir de près cette autre vie, qui représente celle-ci, sans la copier, ces autres hommes qui sont plus gais que nous, et ces femmes plus adorables que les nôtres, dans les rôles qu'on leur fait jouer, et plus perverses aussi, et par cela même plus attrayantes.

La plupart des auteurs dramatiques sont entrés dans leur profession par la fenêtre. Les familles ne veulent pas, et elles ont raison, parce que le succès est toujours douteux, et le péril moral toujours certain. (Labiche, pardonnez-moi ; Meilhac et Ludovic Halévy, pardonnez-moi !) Je ne connais guère que M. Desvalières, petit-fils de M. Legouvé, qui ait embrassé la carrière dramatique de propos délibéré, comme d'autres embrassent la carrière du notariat ou du professorat ; et notez que celui-là n'est pas seulement petit-fils de M. Legouvé ; il est en outre arrière-petit-fils de M. Legouvé. Il n'entre pas dans la maison ; il y est né, et il y reste. Hasard ou préméditation, coup de tête de jeune homme ou volonté raisonnée et mûrie, je comprends tout pour le théâtre, qui a pour lui toutes les séductions ; je comprends même qu'on se passionne pour l'histoire, pour la poésie, pour la philosophie. Mais pour l'économie politique, je ne comprends plus. (Léon Say,

pardonnez-moi ; Levasseur, Leroy-Beaulieu,
pardonnez-moi !)

Notez bien que je comprends à merveille
qu'on s'adonne à cette branche utile et inté-
ressante de la science philosophique, et
qu'on la préfère à toutes les autres. Mais
ici, il ne s'agissait pas d'une simple préférence, ou même d'un attrait dominant, d'une
propension naturelle. Pierre Guérin était si
complètement et si exclusivement entraîné
vers l'économie politique, qu'il s'était dégoûté de tout le reste. S'il avait pris sa
classe en horreur, s'il avait échoué dans le
roman, dans la politique, c'est qu'il était
né pour donner son avis sur la question
du bimétallisme. Cette découverte que je
faisais sur la tournure d'esprit de mon
camarade, élargissait mes horizons sur la
science, encore contestée en ce temps-là,
de la richesse des nations. Je donnai
quelque temps à Michel Chevalier et à
Pierre Guérin pour se connaître ; ce n'est
qu'au bout de trois ou quatre mois que je
voulus savoir d'eux-mêmes comment j'avais
réussi.

Je trouvai Guérin très diplomate. S'il

était content de son patron? Très content. Si le métier lui plaisait? Naturellement. S'il espérait y réussir? Il fut visible qu'il l'espérait, et même qu'il n'en doutait pas. Michel Chevalier, qui avait encore plus d'esprit que de science, fut plus expansif.

— C'est une perle que vous avez trouvée, mon cher. Je ne puis pas en faire un secrétaire, fi donc! Il travaille avec moi au livre que je prépare : *La Révolution sociale par la révolution industrielle.* Il le signera avec moi. Mon Dieu, oui! ajouta-t-il en riant avec bonhomie, je l'associe à ma gloire et à mes bénéfices.

Le livre ne parut que deux ans plus tard; mais alors Pierre Guérin était connu. Que

dis-je ! il était célèbre et sur le point
d'être illustre. De Mars (le factotum et
le souffre-douleur de Buloz) était sans
cesse chez lui pour lui demander de nouveaux articles. Son autorité était invoquée
par les écrivains français et les écrivains
étrangers. On ne voyait plus que son nom
au bas des pages. Il faisait un feuilleton
de quinzaine, qui alternait dans les *Débats*
avec ceux d'Hippolyte Rigault. Quand il lui
arrivait de vouloir faire une communication
à l'Académie des sciences morales et politiques, M. Mignet lui trouvait toujours une
place. Il disait aux autres :

— Nous avons un mémoire de Pierre
Guérin.

Villermé et Dupin lui disaient :

— Vous serez des nôtres.

Je lui faisais mon compliment sur cette
conversion de la fortune, qui, après tant de
revers, s'était décidée à le combler de bien-
faits; il trouvait cela naturel :

— Il me semble, disait-il, que je suis
rentré chez moi.

Je lui dois cette justice, et j'ai grand
plaisir à la lui rendre, qu'il resta toujours

aimable et obligeant pour ses anciens amis.
Il n'était pas modeste ; mais il avait ce genre
d'amour-propre qui ménage celui des autres.
Ménager n'est pas assez dire : il le compre-
nait, le cajolait, et, ce qui est plus positif,
lui venait en aide dans l'ocasion. Il n'a
jamais eu pour moi que de bons procédés,
et même, si je m'y étais prêté, il m'aurait
rendu service.

J'avais fait mon coup de tête après le
coup d'État de 1851. En ouvrant mon cours
à la Sorbonne devant plus de deux mille
personnes, venues là un peu parce que
c'était moi, et que j'avais à cette époque un
nombreux auditoire ; beaucoup aussi parce
que c'était la première fois, depuis le 2 Décembre, qu'une voix indépendante s'élève-
rait dans Paris, j'avais prononcé ces paroles : « Je vous dois une leçon de morale :
je vous donne à la fois la leçon et
l'exemple. La loi vient d'être violée par
celui qui avait charge de la défendre. Il
nous appelle demain à ratifier son crime
par nos votes. N'y eût-il dans les urnes
qu'un seul bulletin de protestation, je le
revendique : il viendra de moi ! »

Les acclamations éclatèrent et se prolon-
gèrent longtemps. On applaudissait jusqu'au
milieu de la cour, où on ne m'avait pas
entendu. Quand je pus obtenir un peu de
silence : « Jeunes gens qui m'applaudissez,

m'écriai-
je, vos
applau-
dissements équivalent
à des serments. J'en prends acte au nom
du pays. Si jamais vous vous associez au
crime en acceptant des places ou des faveurs,
souvenez-vous que vous êtes des parjures ! »
Je fus bien étonné de pouvoir rentrer
chez moi, et plus étonné encore de m'y

retrouver le lendemain. J'appris qu'on s'était occupé de moi dans le conseil des ministres. Mon ancien ami M. Fortoul, devenu ministre de l'instruction publique, avait demandé qu'on m'expédiât sans délai pour la Belgique, et le prince, qui me connaissait personnellement, avait dit :

— Contentez-vous de le révoquer.

Je ne pouvais pas recourir à mon métier de journaliste, puisque tous les journaux de l'opposition étaient supprimés. Je cherchai des leçons pour moi, après en avoir si souvent cherché pour les autres. Ce n'était pas chose facile, tous mes amis étant en prison ou en exil.

Ce fut notre tour, à ma femme et à moi, de nous passer de domestiques et de réduire nos dépenses au plus strict nécessaire. Je reçus deux ou trois fois, dans ces jours néfastes, la carte de Pierre Guérin. J'avais recommandé à mon concierge de ne pas le laisser monter. Il monta cependant.

J'apprends peut-être aux jeunes gens qu'une visite faite à un proscrit de l'intérieur, était, à cette date, un acte de vertu civique. Il ne fut pas découragé de mon accueil. Il m'offrit sa bourse, son crédit. Il avait du crédit à offrir ! Michel l'avait présenté à la nouvelle cour. Il était maître des requêtes. Il ne tarda pas à être conseiller d'État et membre de l'Institut. Il voulut m'expliquer qu'il était plus républicain que jamais, et que le seul moyen de sauver la République était de se résigner à faire l'empire. Mais je ne le laissai pas continuer, et je le priai de rompre toute relation avec moi.

Je ne le revis qu'au Corps législatif, après 1863. Excepté le tort de s'être allié au coup d'État, je n'avais rien à lui reprocher. Il avait toujours conseillé les mesures les plus libérales. Il ne s'était pas transformé en valet, comme quelques-uns de ceux qui avaient quitté en même temps que lui la carmagnole pour un habit chamarré. Son talent avait grandi. Il passait pour un des plus sages conseillers de l'empire. Il était certainement un des plus honnêtes. Il ne voulut pas rentrer dans la politique après Sedan, et se consacra exclu-

sivement aux grands travaux qui ont illus-
tré son nom et contribué à la gloire de la
France.

Je vous ai conté cette très véridique
histoire comme un argument en faveur de
ma thèse favorite, qu'il faut que chacun
soit à sa place.

LIBERT

LIBERT

Je m'occupe, tout comme un autre, de réunir des notes pour mes *Mémoires*, qui ne paraîtront peut-être jamais ; et, chemin faisant, je rencontre de vieux amis dont j'esquisse le portrait. C'est ce que j'ai fait pour M. Antoine, pour Pierre Guérin, et pour quelques autres. Je m'attarde avec eux dans la partie déjà bien lointaine de ma vie, où j'appartenais à l'Université. Je préfère ces souvenirs-là à ceux de la politique; et, d'ailleurs, comme tous les hommes qui ont beaucoup vécu, j'aime à me reporter à l'époque de ma jeunesse. J'ai beau savoir mon âge, que je me redis, par prudence, cinq fois par jour; tout ce qui est jeune et vivant m'attire, et il me faut toujours faire un effort pour me souvenir que je ne suis plus jeune moi-même. Je m'en souviens plus que je ne m'en aperçois.

L'Université a dû changer, comme toutes choses, depuis quarante ans. Si j'y retournais, après tant d'événements qui ont rempli cette moitié de siècle, et qui ne l'ont pas toujours laissée à l'abri, il est probable que je ne la reconnaîtrais pas, et que, de mon côté, je l'étonnerais par mes mœurs et mes préjugés d'un autre âge. J'y ai pourtant gardé quelques amis, qui sont aujourd'hui de vieux maîtres. Celui dont je vais parler était, comme moi, élève de l'École normale, mais d'une époque bien antérieure. Je suis entré à l'École en 1833, et il était déjà, depuis plusieurs années, professeur au collège de Versailles.

C'est là que je le trouvai quand M. Cousin me fit passer du collège de Caen au collège de Versailles. C'était un très grand avancement, car le collège de Versailles avait le rang et les avantages d'un collège de Paris. J'étais si jeune que mes nouveaux collègues me regardaient presque comme un élève; ils avaient pour moi une sorte de bienveillance paternelle. Je me souviens, à cette occasion, qu'au concours général de 1839, quand je me présentai dans la salle où je devais surveiller la composition, j'y trouvai M. Bouillet, l'auteur du *Dictionnaire*, qui ne me connaissait pas. Il était alors professeur de philosophie au collège Bonaparte. Il me demanda de quel collège j'étais :

— De Versailles.

— Où est votre billet?

— Quel billet?

— Il vous faut un billet de M. Jules Simon.

Il me prenait pour un écolier. Le roi Louis-Philippe, en personne, avait commis la même erreur quelques semaines auparavant. Il avait fait réunir les élèves de tous les collèges de Paris et ceux du collège de Versailles, pour leur montrer lui-même les galeries qu'il venait de consacrer « à toutes les gloires de la France ». Il jeta les yeux sur le front de la troupe en entrant dans le grand salon, et me prenant par le bras, il me dit en riant :

— Vous serez mon bâton de vieillesse.

Ce n'est qu'au cours de la visite, une heure après, qu'il s'aperçut, à quelques réponses que je lui faisais, qu'il avait pris un professeur pour un élève. Il est vrai que c'était un professeur de vingt-trois ans.

Je ne restai qu'un an à Versailles. Un an à Versailles, un an à Caen, voilà toute ma carrière comme professeur de collège.

J'avais été nommé à Versailles au mois de janvier. Ce qui me préoccupait le plus en y arrivant, c'étaient les visites que j'avais à faire. M. Cousin m'avait ordonné d'aller voir le préfet. Je me présentai, je ne fus pas reçu, ce qui me ravit; je fus accueilli plus tard chez M. Aubernon avec beaucoup de bonté, grâce encore à M. Cousin, qui vint cette année-là passer quelques semaines à Versailles, chez la princesse de Belgiojoso, et qui me conduisit lui-même à la préfecture. Il me présenta aussi à la princesse. Un autre aurait profité de cette aubaine pour devenir un mondain. Je vis le proviseur, M. Théry. Je retrouvai quelques camarades d'école, M. Quet, M. Faurie, depuis inspecteurs généraux de l'Université. Ma grande terreur était d'aller voir M. Libert.

On m'avait averti que ce n'était pas seulement le professeur le plus important du collège, mais un des premiers personnages de la ville. Il était familier chez le préfet; il avait au conseil municipal une influence prépondérante; sa jolie femme était l'ornement de toutes les fêtes; elle en était l'âme.

12.

Il avait été question de lui pour la députation; personne ne doutait qu'il n'arrivât à
l'Institut. Bref, c'était un heureux mortel :
une jolie femme, de beaux enfants, une certaine fortune, de l'esprit, de la science,
beaucoup de considération, l'amitié de ceux
qui l'entouraient, et le vent en poupe. Je
passai deux ou trois fois devant la porte
de sa maison avant d'avoir le courage de
sonner. J'entrai enfin : monsieur était sorti;
mais madame comptait sur ma visite, et ce
fut elle qui me reçut.

Je la trouvai, ce qu'elle était, une femme
ravissante; mais ce qui me séduisit encore
plus que sa beauté, ce fut sa simplicité parfaite. Il me parut qu'elle me recevait comme
un parent, ou un vieil ami, qui revient à la
maison après une absence. Elle me parla
de son mari avec enthousiasme, et de mes
collègues, de nos collègues, disait-elle en
riant de bon cœur, avec beaucoup de finesse
et de bienveillance. Je sentis en la quittant
que je venais d'être reçu dans la compagnie,
que je n'y serais plus un étranger. Je me
trouvai plus à l'aise au vestiaire. J'y fus
au-devant de M. Libert, qui me proposa de

sortir ensemble après la classe « pour causer de nos affaires ». Ils donnèrent la semaine suivante un petit dîner en mon honneur. Je m'y trouvai à mon aise, ce qui

prouve surabondamm ent
jusqu'où allaient leur amabilité et
leur savoir-vivre. A partir de ce moment, je
partageai mon cœur entre deux objets qui
m'accaparaient complètement : ma thèse sur
le commentaire du *Timée* de Platon par
Proclus, et la famille de mon ami Libert.

Je dis la famille, parce que je ne savais pas qui j'aimais le plus, de Libert, de madame Libert, ou des deux enfants. Il y avait un garçon et une fille, parfaitement beaux, non pas parfaitement sages, mais aussi sages qu'on peut et qu'on doit le désirer. Libert, qui avait vingt ans de plus que moi, me traitait en camarade, parce qu'il avait bien vite démêlé que j'avais pour lui autant de respect que d'amitié. Je ne puis penser à ces années-là, après cinquante ans écoulés, sans un grand élan de tendresse et de reconnaissance. Il est rare de rencontrer un homme vraiment heureux ; j'en ai connu un ; c'est Libert pendant ces belles années. Nous le disions quelquefois, Quet, Faurie et moi, dans nos promenades du soir, en ajoutant qu'il était bien digne de son bonheur. Ils l'aimaient comme moi, peut-être avec moins de feu, parce que, malgré mon apparence un peu froide, j'ai en dedans un grand foyer d'enthousiasme.

— Tu es de la maison, me disait Faurie.

— Oui, j'en suis, répondais-je dans la plénitude de ma joie.

— Prends garde à toi ! disait-il.

Et nous éclations de rire.

Il faut que vous sachiez que j'ai toujours été une manière de patriarche. L'idée de faire la cour à une femme mariée m'aurait fait fuir jusqu'au bout du monde. D'abord, il y a la loi de la morale. Ce serait bien la peine d'être professeur de morale, si on ne tenait pas compte pour soi-même de ce qu'elle prescrit! Mais j'ajoute que, quand on regardait madame Libert, quand on l'écoutait, on se sentait convaincu qu'une pareille femme ne pouvait manquer à ses devoirs. C'était bien l'épouse la plus affectueuse et la mère la plus tendre qu'il fût possible d'imaginer. Elle faisait, en toute occasion, le bonheur de ceux qui l'entouraient, avec un empressement et une simplicité qui disaient assez qu'elle obéissait, en agissant ainsi, à l'impulsion de sa nature. La confiance entre elle et son mari était absolue. J'étais bien sûr qu'ils n'avaient pas un secret l'un pour l'autre.

Je ne saurais vous dire combien ils m'étaient chers. Ma famille était au fond de la Bretagne. C'était très loin, dans ce temps-là; il fallait trois jours pour y aller. J'avais besoin d'aimer et d'être aimé. Mes camarades allaient dans le monde; ils avaient des habitudes de distraction et de plaisirs. Cette vie dissipée ne me convenait pas. Je n'étais fait ni pour la solitude ni pour le monde. Ce qu'il me fallait, c'était l'intimité. Je la trouvais dans la famille Libert, et je me donnais à eux sans réserve.

Ils étaient restés à Versailles après moi. Je ne manquais pas d'aller les voir tous les jeudis. J'allais et je revenais à pied. En été, c'était une promenade; en hiver, ce n'était point une fatigue. J'ai toujours été grand marcheur. J'aurais été bien plus loin pour trouver une maison aussi hospitalière, des esprits aussi charmants et d'aussi bons cœurs.

Tels je les avais connus pendant mon séjour à Versailles, où je les voyais tous les jours, tels je les retrouvai les années suivantes dans les fréquentes visites que j'allais leur faire. En 1846, M. Libert fut appelé à Paris, et chargé d'un cours public. Il fut, la même année, nommé membre de l'Institut. Sa réputation s'étendait, sa situation se complétait, et tout le monde applaudissait, car il avait apporté ici le don singulier, que je lui avais reconnu dès le premier jour, de n'avoir que des amis. Je dois dire que, vers cette époque, j'entendis quelques personnes parler avec insistance des succès de madame Libert, qui aimait passionnément le plaisir. Belle comme elle était, et ayant vingt ans de moins que son mari, il était impossible qu'elle échappât entièrement à la calomnie. Ces bruits se renouvelèrent avec plus de vivacité vers 1852; un nom fut même prononcé. J'en éprouvai un vif chagrin, sans aucune inquiétude. J'examinai de près les allures de mes amis; j'écoutai toutes leurs paroles, je fis attention à leurs moindres gestes, et je pus me convaincre que rien n'était changé dans leurs relations. L'affection de madame Libert était peut-être plus démonstrative. Je m'expliquai cette nuance quelque temps après, quand elle perdit peu à peu sa belle santé.

Elle fut obligée de s'aliter au mois de juin, et l'on commença à penser que sa vie était en péril. Ce fut un coup cruel pour son mari et, je puis ajouter, pour tous ceux qui s'intéressaient à cette chère maison. Personne n'en souffrit autant que moi, parce que personne ne leur était attaché depuis si longtemps, ni si fortement. La maladie fut longue et cruelle. La pauvre femme s'éteignit dans les

bras de son mari, en lui laissant pour suprême adieu les plus touchantes paroles de tendresse.

Elle mourut à six heures du soir. On courut me prévenir; nous demeurions porte à porte; eux sur la place Cambrai, et moi rue Saint-Jacques. Je suivis le messager; mais j'appris en arrivant que Libert était enfermé, et ne voulait voir personne.

— Pas même moi?

— Pas même vous.

— Dites-lui mon nom à travers la porte.

On cria mon nom deux ou trois fois. Il dit à la fin :

— Qu'on me laisse seul!

J'entendais les sanglots des deux enfants.

— Les a-t-il vus?

— Non!

Les gens semblaient effrayés. Je l'étais très sérieusement. Je me rendis chez le docteur Lagasquie, notre médecin commun, qui avait fondé une école auxiliaire de médecine sur la place de l'Estrapade. Pauvre Lagasquie! Il avait tenté là une œuvre excellente, qui n'avait eu aucun succès. C'était un élève distingué de Pariset. Il aurait pu se faire une riche clientèle, mais il s'obstina à soigner tous ses amis et tous les pauvres de son quartier. Je ne sais si personne se souvient de lui. Je savais qu'il avait vu Libert tous les jours pendant la maladie de sa femme. Je lui confiai mes étonnements et mes inquiétudes. J'allai même jusqu'à lui parler de suicide :

— Rien à craindre de ce côté, me dit-il. Il est complètement maître de sa volonté. C'est un désespoir sombre, mais calme. Il n'y a nulle trace d'exaltation.

Je retournai chez Libert le lendemain à la première heure. Il n'avait pas sonné. On avait essayé d'entrer chez lui. La porte était fermée en dedans. On avait frappé ; il n'avait pas répondu. On l'entendait marcher par intervalles. Les deux jeunes gens se tenaient, l'oreille aux aguets, dans la chambre la plus voisine. Leur douleur avait, pour ainsi dire, changé d'objet. Ils avaient la morte sous les yeux, et, à quelques pas d'eux, invisible, celui qui peut-être allait mourir. Je restai toute la journée avec eux. Vers midi Lagasquie arriva. Il frappa, il se nomma. Libert entr'ouvrit la porte, et lui saisissant la main :

— Par grâce, qu'on me laisse seul !

Il demanda si j'étais là. Le docteur lui dit que j'y étais depuis le matin.

— Priez-le, répondit-il, d'avoir soin de

nos enfants et de me remplacer partout. Faites-moi porter un morceau de pain et un bouillon, et qu'on me laisse, que tout le monde me laisse !

Il passa cette nuit-là comme la précédente, et je la passai sur un canapé, en dehors de sa porte. Il se promenait, il s'asseyait, il recommençait à se promener. « Est-il malade? me disais-je. A-t-il l'esprit égaré? Cela lui ressemblait si peu, d'oublier ses devoirs, lui qui ne manquait jamais à une simple convenance ! Oublier même ses enfants ! Les éloigner de lui dans leur malheur ! Que croire ? »

J'avais tout réglé pour les funérailles. Elles étaient fixées pour midi. A onze heures, on étouffait dans les salons et dans l'escalier; et lui, toujours enfermé dans son cabinet. On allait saluer le fils, qui se tenait près de la porte du cabinet, comme s'il attendait que son père l'ouvrît pour prendre sa place à côté de lui. A midi on vint avertir que tout était prêt. Je frappai à cette porte, si inexorablement close depuis deux jours. Elle s'ouvrit à l'instant. Libert parut, très correctement vêtu de deuil, pâle comme un spectre ; il porta vivement les yeux sur moi :

— Chargez-vous de tout, me dit-il ; ayez surtout soin des enfants, faites qu'on me laisse seul.

Il monta seul dans une voiture, ce que j'entendis commenter de diverses façons.

Son attitude au cimetière fut simple et calme. Il se tint à côté de son fils pendant les prières. Le pauvre jeune homme nous inspirait à tous une pitié profonde. A la première pelletée, il eut un sanglot, et fit un mouvement pour se jeter sur l'épaule de son père. Je l'attirai vivement sur la mienne ; un regard de Libert m'en remercia. Ils reçurent ensemble, selon l'usage, les adieux et les serrements de main. Les voitures s'approchèrent. Son fils voulut monter après lui :

— Pas aujourd'hui ! pas encore, lui dit-il du ton de la prière.

Et, s'adressant à moi :

— Je vous le confie, me dit-il.

Nous rentrâmes ainsi dans Paris et dans la maison désolée, dont le bonheur était détruit pour jamais. Libert monta l'escalier à grands pas, et entra dans son cabinet, où je l'entendis s'enfermer bruyamment. Je sentis un mouvement de colère, malgré la pitié profonde qu'il m'inspirait. J'avais vu d'autres hommes, au comble même de la douleur, se rappeler qu'on doit quelque déférence, ou tout au moins quelque souvenir à ses amis. J'étais surtout étonné et, s'il faut tout dire, choqué de sa conduite envers ses deux enfants. Je les voyais consternés, effrayés, oppressés. Je me demandais si je ne les quitterais pas un instant pour aller faire un appel à ses sentiments de père, à son devoir : « Quand je devrais forcer la porte ! » me disais-je. Et tout aussitôt une pensée revenait, qui m'obsédait depuis deux jours : « Il y a quelque chose d'extraordinaire ! Cette conduite serait inexplicable, s'il n'y avait que la mort, avec les douleurs qu'elle entraîne. »

Je trouvai avec la pauvre orpheline une parente éloignée, que je ne connaissais pas, et qui venait d'arriver d'une ville de province pendant que nous suivions le cortège. Elle m'apprit, à mon grand étonnement, que Libert lui avait écrit la veille pour la prier

de venir, et d'emmener sa fille le jour
même. « Je ne veux pas, disait-il dans sa
lettre, qu'elle passe la nuit dans cette maison
déserte. » Il entrait dans tous les détails ;
il joignait à la lettre une somme d'argent
considérable par rapport à sa position :
« Mon fils accompagnera sa sœur, disait-il.
Qu'ils me pardonnent de ne pas les embrasser avant leur départ. J'ai un besoin immense,
et comme maladif, de solitude. Victor
reviendra pour la rentrée de l'École. (Il
venait d'être reçu le second à l'École polytechnique.) J'irai peut-être le chercher. En
tous cas, qu'ils ne doutent de mon cœur ni
l'un ni l'autre. » Ils partirent tous deux à
quatre heures, comme s'ils étaient chassés
de la maison paternelle. La cousine fit la
malle de Victorine ; je fis le paquet de Victor ; ils ne songeaient à rien qu'à leur mère
et à leur père. Quand on les pressa de
partir, ils se jetèrent sur cette porte, derrière laquelle il était. Il dut entendre leurs
sanglots : « Père ! père ! adieu ! » disait
Victorine. Et revenant dans un élan passionné : « Père ! est-ce que vous ne m'em-
brasserez pas ? » Je l'emmenai de force dans

la voiture, ou plutôt je l'y portai. En passant avec mon fardeau devant la chambre de la morte, je sentis en moi comme un déchirement : «Quel secret y a-t-il là? » me dis-je. J'embrassai toute la maison dans un dernier regard, et je ne pensai plus qu'à consoler les deux orphelins. Ils m'aimaient. Je tins leurs deux mains dans les miennes jusqu'au moment de nous quitter. Victorine ne cessait de sangloter; les yeux de Victor, fixés sur les miens, semblaient chercher la ré-

ponse à quelque effrayante énigme : « Oh!
qu'est-ce que la vie? me disais-je. Et ce
que nous appelons notre bonheur, qu'est-
ce? » J'avais cru si énergiquement à ce
bonheur-là, qu'en s'en allant il semblait
entraîner tout mon cœur avec lui.

J'eus une longue conversation avec le
docteur, qui était fort attaché à la famille
Libert. Il les aimait tous, et peut-être la
morte plus que tous les autres ; mais tout
en l'aimant, il affirmait qu'elle avait commis
une faute. Il savait le nom du complice,
qu'il ne me dit pas, les circonstances, la
rupture, les remords, le retour sincère au
devoir, et la tendresse mêlée de reconnaissance qui succéda à quelques mois
d'égarement. Il avait l'air de raconter une
histoire dont tous les détails étaient connus et incontestables. Je lui demandai d'où
il tirait des indications si sûres ; il me pria
de ne pas insister, et me dit qu'il avait cru
devoir me faire ces confidences dont je
pouvais tirer parti dans l'intérêt de mes
amis.

— Libert était-il instruit ? lui dis-je.

— Je l'ai cru plusieurs fois, me dit-il, à

quelques légers indices ; mais j'avais fini
par croire, comme tout le monde, qu'il avait
un bandeau sur les yeux.

— Comme tout le monde! répétai-je vivement.

— Oui, me dit le docteur en souriant
légèrement. Je sais
que vous ne vous
aperceviez de
rien, et que
vous aviez
une foi im-
plicite dans
la vertu de
madame Li-
bert ; mais,
sans qu'elle
fût le sujet
de conversations
désobligeantes, on croyait
généralement « qu'il y avait quelque chose ». 
Sa conduite irréprochable depuis bien des
années, ses qualités aimables, le respect
qu'inspirait son mari, faisaient taire les
bruits du monde, ou les réduisaient à ce
léger murmure que vous n'avez même pas

soupçonné. Mais à présent que vous voilà averti, mon cher ami, je vous crois armé pour la cure que vous allez entreprendre. C'est vous désormais qui êtes le médecin, et non pas moi.

Je n'étais pas aussi surpris par ces révélations que mon ami le supposait; mais j'en étais absolument désolé. Mes vagues soupçons se changeaient en certitude, et, pour comble de malheur, le secret, que je croyais si bien gardé, n'était un secret pour personne. Si Libert n'avait rien su jusqu'au dernier moment, ce que j'inclinais à penser, il était clair que maintenant il savait tout. Par quel moyen? Par une confession suprême? Ou par la découverte de quelque papier compromettant? Sa conduite, dans ces derniers jours, avait été très remarquée, très critiquée. Allait-il persévérer dans ce système d'isolement, abandonner ses travaux et ses amis? Plus je le craignais, plus je résolus de ne rien épargner pour le rendre à lui-même. Je reçus dans la journée une lettre très affectueuse, où, après s'être excusé de sa conduite dans cette douloureuse semaine, il me priait de passer chez lui.

« Vous êtes, disait-il, tout ce qui me reste. »

Je me demandai, en allant au rendez-vous, si j'attendrais ses confidences, ou si je les provoquerais. La situation n'était pas entière, puisque le secret était connu au dehors. Je ne pris pas de résolution pour le moment, et je me promis d'agir avec réflexion et prudence. Il n'était pas dans son cabinet quand j'arrivai. Bernardine me dit qu'il était depuis le matin dans la chambre de madame, où il avait l'air de faire une perquisition, ce qui fut dit avec un peu d'amertume, et qu'il avait recommandé de l'avertir aussitôt que je serais venu. Il accourut dès qu'il me sut là, m'embrassa avec tendresse. et s'assit à côté de moi sur un canapé où elle avait souvent pris place entre nous deux. J'en fis la remarque. Il balbutia quelques mots, et se jeta sur des remercîments, et sur des comptes qu'il avait le droit de me demander, puisque j'avais tout réglé pour les funérailles. De mon côté, je lui demandai s'il y avait des difficultés pour les biens de la communauté et si je pouvais le débarrasser de détails toujours douloureux.

— Mais il n'y a rien, me dit-il. Juliette

était la fille d'un pauvre professeur, qui
n'avait pour vivre que sa retraite et une petite pension
que j'y ajoutais. Toute la fortune est à moi. Tout est
en ordre depuis longtemps,

parce que j'avais pris mes précautions, supposant toujours que
je mourrais le premier.

La conversation tombait à chaque instant, car nous pensions l'un et l'autre à autre chose qu'à ce que nous disions. Je me hasardai à lui demander s'il avait fait quelque plan pour l'emploi immédiat de son temps. Nous étions en vacances.

— Un voyage vous distrairait, lui dis-je ; vous soulagerait tout au moins. Il ferait du bien à vos enfants. Victor ne connaît pas la cousine chez qui vous l'avez envoyé. Victorine désirait ardemment ne pas vous quitter. La pensée de ne pas vous quitter et d'essayer de vous consoler revenait sans cesse dans toutes les conversations que j'ai eues avec elle....

Comme je disais cela en baissant les yeux et en parlant à demi voix, je sentis qu'il me serrait le bras avec force. Je le regardai, sa figure était décomposée. Il resta immobile un moment; puis, se retournant, cacha sa figure dans ses mains, et je l'entendis sangloter.

Je compris aussitôt à quelle horrible incertitude il était en proie. « Ceci, pensai-je, est plus cruel que tout. »

Il faut que vous sachiez que Libert était le plus tendre et le plus passionné des pères. Sa passion pour ses enfants s'était accrue de jour en jour, jusqu'à remplir toute sa vie. Victor, qui était l'aîné, était un de ces jeunes hommes qui justifient l'idolâtrie paternelle. Il avait un esprit très

ouvert, un grand amour de l'étude, beaucoup de courage et d'initiative, un profond sentiment du devoir et de l'honneur, un cœur d'or. Que de fois son père et sa mère m'avaient chanté ses louanges ! Je faisais chorus avec eux. Je n'étais pas marié, alors ; je regardais Victor et Victorine comme mes enfants.

Victorine, une véritable perle ! La plus aimante, la plus caressante, la plus douce, et en même temps la plus gaie et la plus charmante créature qu'il fût possible de

rêver. Au physique, c'était tout le portrait de sa mère, et je vous jure que c'est là un grand éloge; mais de sa mère à seize ans, avec toutes les grâces de la première jeunesse. Libert en raffolait; il se contenait cependant, disait-il, pour ne
pas la gâter.
Mais qui aurait
pu la gâter?
Jamais le mal
n'avait effleuré
cette âme vir-
ginale. Elle me
faisait penser à
un printemps
sans nuage.
Elle portait
partout avec
elle une douce
joie, qui sem-

blait émaner de sa personne comme le parfum d'une rose. Joyeuse, hélas! il y avait quelques semaines; et maintenant séparée de tout ce qu'elle aimait.

Libert essaya plusieurs fois de me parler

à travers ses pleurs; sa voix expirait sur
ses lèvres :

— Je dois vous dire.... Je veux vous apprendre.... Il faut que je vous confie....

Il se leva comme un désespéré.

— Je ne peux pas! Je ne peux pas!
Plus tard, revenez plus tard; laissez-moi,
pardonnez-moi.

Je pris mon parti sur-le-champ. Je me
levai à mon tour, en ouvrant les bras :

— Je sais tout! lui dis-je.

Il frémit de la tête aux pieds. Je tenais
toujours mes bras ouverts. Il s'y précipita
à la fin, et nous nous embrassâmes comme
des frères.

Il voulut tout me raconter. Je le priai de
se borner à ce qui était nécessaire pour
arrêter nos résolutions. On avait fini, à
force de mystères, par éveiller ses soupçons; il les avait rejetés comme absurdes,
et même, me dit-il avec un sourire amer,
comme criminels. La pauvre et charmante
femme, dans ses derniers adieux, laissa
échapper des traces de remords tout à fait
disproportionnés avec les fautes vénielles
qu'on a toujours à se reprocher après une

longue union. Cela le rendit attentif. Elle redoubla; mais déjà sa pensée se troublait, et elle le quitta, en quelque sorte, sur un problème. Il fut si accablé de la perte qu'il venait de faire, et de la découverte à laquelle il s'efforçait de ne pas croire, qu'il prit sur-le-champ la résolution d'écarter de lui ses amis dans ces premiers moments....

— Tous ceux que j'aimais, me dit-il.

Il fit partir, comme je vous l'ai raconté, son fils et sa fille; et, la maison déserte après leur départ, il s'était précipité dans cette chambre, dans la chambre où la famille se rassemblait tous les soirs, aux jours de leur bonheur; mais il n'y venait pas pour s'attendrir sur le bonheur passé, ni pour en adorer les traces; il y venait en inquisiteur, en juge: il y venait chercher un secret qui pouvait réduire son cœur en cendres. Il ouvrit tout; il chercha de tous côtés... et il trouva!

Vingt fois, dans le cours de cette recherche, il se sentit troublé comme par un remords. Il se demandait s'il ne valait pas mieux ignorer, oublier; si la cicatrice de son cœur ne se guérirait pas. Pourquoi

fouiller dans ce passé, et s'acharner à des
découvertes qui ne pouvaient qu'aggraver
sa détresse ? Mais, en même temps, il sentait
l'horreur du doute : ne pas voir clair dans
ses sentiments, ne pas connaître sa propre
histoire ; c'était impossible. Les premières
recherches, faites rapidement et fiévreuse-
ment, ne donnèrent rien. Il s'arrêta pour
penser. L'espoir l'envahit, rapportant le
calme ; puis tout à coup revint le souvenir
des anciennes et passagères angoisses, et
des paroles trop claires, presque formelles
qu'il avait entendues. Il se remit à l'œuvre
avec plus de réflexion, mettant à part les
débris de lettres, les notes, recherchant les
dates, tenant compte du moindre indice,
arrivant par moments au sang-froid d'un
analyste, voulant à toute force acquérir la
certitude de son malheur, et ne comprenant
pas qu'il pût y survivre, n'y comptant pas,
ne le souhaitant pas.

— Ma vie est finie, disait-il.

Ce qu'il y eut de plus affreux, c'est quand
l'infidélité lui fut démontrée, mais sans date
précise et certaine. Il lui sembla qu'à la
perte accablante dont il avait là, sous les

yeux, la preuve palpable, se joignait pour
lui la douleur d'une double séparation, iné-
vitable, inexorable. « Je n'ai plus d'enfants ! »
disait-il. Et tout aussitôt : « Je les aimais
tant !... Je les aime tant ! » C'est alors qu'il
m'écrivit : « Vous êtes tout ce qui me
reste. » Il resta longtemps anéanti, perdant
le sentiment des détails, sachant seulement
que c'était affreux et qu'il souffrait abomi-
nablement, sans savoir de quel mal. Puis il
se reprit à penser et, aussitôt, à chercher.
Il découvrit, à la longue, une date, qui lui
fit pousser, au milieu de sa détresse, un
cri de joie ! Victor était bien à lui ! « O mon
chéri, ô mon enfant ! O la meilleure et la
plus chère part de ma vie, tu m'es rendu !
Il me semble que tu viens d'échapper, sous
mes yeux, à la mort, et que je suis rempli
de l'ivresse de ton premier sourire. » Il
était comme inondé de délices, quand l'affreux souvenir de l'autre surgit tout à coup,
dans sa pensée, pour y ramener l'amertume
du désespoir. Il se rappelait tous les détails de sa vie, les jours d'inquiétude, les
jours plus nombreux de joies sans mélange,
les chères caresses, la douce voix, la con-

fiance sans bornes, ce jeune amour filial, si
chaleureux et si tendre. Il accusait la justice de Dieu : « Qu'ai-je fait ? Qu'a-t-elle fait,
pour tomber dans une telle misère? » Il lui
semblait qu'auprès d'une séparation pareille,
où les deux cœurs continuent à vivre pour

continuer à
souffrir, la sé-
paration par la
mort n'était
rien. Il s'ap-
procha de la
chambre dé-
serte de Victo-
rine, pour re-
voir les lieux
où elle vivait,
les objets qui
lui étaient

chers; mais il n'en put franchir le seuil.
Il se sentit chassé violemment de ce sanc-
tuaire et courut se jeter dans son cabinet, où il tomba presque inanimé sur un
fauteuil.

C'est dans cette situation que je le trouvai. C'est là qu'il me fit ce triste récit. Pen-

dant qu'il me parlait, j'aperçus le Code civil, ouvert, sur son bureau, à l'article 312! *Le désaveu de la paternité.*

— Y avez-vous pensé? lui dis-je.

— Oui, me dit il; j'ai tout pesé, tout examiné, avec une méthode et une lucidité d'esprit dont je suis surpris moi-même. Je crois bien que j'ai eu un ou deux jours d'égarement; mais à présent je suis très calme.

— Mais, lui dis-je, le désaveu de la paternité! ce serait un coup terrible pour ceux que vous aimez, le déshonneur pour la morte et pour....

— Vous alliez dire : Et pour moi. C'est le cas, me dit-il en souriant avec amertume, de nous souvenir de nos doctrines : « Mon honneur est entier, puisque je n'ai failli à aucun devoir ». Mais je n'avais pas même à délibérer, puisque je ne suis dans aucune des conditions de l'article 312.

— Heureusement! m'écriai-je; car pour moi, je suis loin de croire....

Il me jeta un regard si douloureux que je n'osai pas continuer.

— Mon premier devoir, me dit-il, était

de penser à mon fils qui, selon les droits
de la nature, est héritier de tout ici.

— Ne parlez pas des droits de la nature,
lui dis-je. C'est vous qui êtes frappé, si vos
craintes sont justifiées; mais votre fils conserve sa sœur devant la nature comme
devant la loi.

— La loi, me dit-il, la fait héritière d'une
fortune qui, venant de moi tout entière, ne
lui appartient que par une injustice légale.
C'est une véritable spoliation. Mais je re-
connais que je n'ai aucun moyen de m'y
opposer; n'en parlons plus. Elle conserve
tous ses droits. Elle est encore ma fille, je
le sais.

Et il ajouta, si bas que je l'entendais à
peine :

— Il y a quelqu'un qui s'en réjouit....

C'était la question terrible, qui m'obsédait
depuis le commencement. Un duel! Comment se résoudre à un duel dans les conditions où il se trouvait? Et comment y
échapper?

La première impulsion et, pour ainsi
dire, le cri de la nature était la vengeance.
Cet homme était plus qu'un meurtrier. Il

avait déshonoré la femme, condamné le mari au désespoir, et les enfants à la honte. Il avait ri, pendant dix-sept ans, de ce mari trompé. Il n'y avait pas une des émotions ressenties, un des sacrifices accomplis, pendant ces dix-sept ans, par un honnête homme indignement outragé, qui ne s'élevât contre lui. Le monde, s'il découvrait tous ces secrets, comme il fallait le craindre, pardonnerait plutôt au séducteur qu'à ce mari trompé, qui ne se vengerait pas. Il a, pour ces affaires, une morale de sacripant, qui est la négation de toute morale, et qui exige pour la réhabilitation du mari, à qui il n'y a rien à reprocher, un assassinat quel qu'il soit : le sien ou celui de l'autre. Dix-sept ans avaient passé sur la faute; mais ces dix-sept ans la renouvelaient et l'approfondissaient. Chaque jour écoulé, pendant ces dix-sept ans, était une offense nouvelle.

D'autre part, devait-il, pouvait-il en venir à cet éclat? Que le monde ignorât, il ne fallait pas l'espérer; mais, tout impitoyable qu'il soit, il se sentirait effrayé par l'énormité des conséquences. On saurait qu'il y avait du péril à parler. Le respect l'empor-

terait sur l'amour du scandale. Les bruits
n'avaient été répandus qu'à voix basse.
L'effet était produit, oublié, presque oublié.
Outre le père, qui, par son caractère et son
illustration, était une force, il y avait un
fils de vingt ans, portant l'épée, et dont
on ne pouvait suspecter le courage. Tout
s'oublie; la calomnie elle-même s'oublie,
quand la mort a mis le sceau à une destinée.
Il y avait autour de Libert des amis ardents;
il y avait son école, qui ferait, au besoin,
plus de bruit que les méchants. Au premier
chef-d'œuvre qu'il publierait, tout dispa-
raîtrait dans l'acclamation du triomphe.

Ce qui agit surtout sur lui, ce qui le
détermina, ce fut la pensée de son fils; et,
je le devinai aussi, le souvenir de celle qu'il
avait tant aimée. Il prit le parti d'ignorer,
et d'attendre. Ignorer! pour qui le connaissait, c'était se condamner au plus rude supplice. La conséquence était de revenir le
plus tôt possible à la vie de famille; de
rappeler son fils, de rappeler aussi sa fille,
de la voir auprès de soi, sans pouvoir ni
retrouver, ni oublier l'ancienne tendresse.
La laisser où elle était, il n'y fallait pas

penser. Son absence n'était que trop commentée. Elle reviendrait. Il serait seul en sa compagnie, puisque Victor entrait à l'École polytechnique. Comment vivrait-il avec elle? S'il lui montrait de la froideur, s'il laissait voir ses souffrances, elle allait tout deviner; ou bien, elle se révolterait contre un changement dont elle ne comprendrait pas la cause. « Cette vie, me disais-je, va être impossible pour tous les deux. Et pourtant, il faut s'y résoudre! »

Il avait un caractère ferme. une volonté de fer. Il fut cependant longtemps à prendre un parti. Je le vis bourrelé pendant plu sieurs jours, revenant sur les raisons que nous nous étions données, en trouvant de nouvelles; tantôt se sentant maître de lui, et tantôt tremblant comme une feuille à l'idée de la première entrevue. Il pensa à tout quitter, et à se retirer avec elle au fond d'une province.

Je redoutais cette résolution par-dessus tout. Je la redoutais pour la science, qui recevrait, par sa retraite, un coup terrible; et pour lui, qui ne pouvait plus être sauvé

que par le travail. Mes prières, mes raisons, l'emportèrent à la fin.

— Allez la chercher, me dit-il.

Il fut obligé de s'aliter dans la soirée, et
Lagasquie me dit le lendemain que ses
jours étaient en danger.

Je n'ai pas dans ma vie, où les tristesses
n'ont pas manqué, de plus douloureux souvenir que celui de ce voyage. Je laissais
à Paris Libert, peut-être mourant. J'allais
chercher et lui ramener son fils ; et je lui
ramènerais aussi celle qu'il avait tant aimée,
pendant seize ans, et qu'il ne pouvait plus
voir sans un horrible déchirement de cœur.
Que ferais-je à mon retour ? La conduirais-
je au pied de son lit ? C'était peut-être lui
donner le coup de la mort. Et pourtant comment la retenir quand j'y conduirais son
frère, sans lui avouer, sans leur avouer ce
qu'ils devaient ignorer à jamais ? Je comptai
sur la douceur infinie de Victorine, à qui
on pouvait demander tous les sacrifices, et
qui était prête à toutes les immolations. Ils
connaissaient la maladie de leur père. La
même dépêche, qui en avait porté la nouvelle, annonçait mon arrivée. Leur premier

cri fut pour me demander où il en était. Je ne leur cachai même pas le danger. Mais leur imagination avait été du premier coup jusqu'à la dernière extrémité, et ce leur fut presque un soulagement d'apprendre qu'il n'était pas mort. Le train qui m'avait apporté repartait immédiatement. Leurs adieux à leurs parents étaient faits. J'étais assis entre eux deux. Victorine pleura sur mon épaule pendant toute la route. Nous redoutions, en arrivant, de trouver à la gare un messager qui nous annoncerait la fatale nouvelle. Quand nous arrivâmes place Cambrai, ce fut le médecin qui nous reçut. Cela avait été convenu entre lui et moi, comme mesure de précaution.

— Tenez-vous prêts, leur dit-il, je vous avertirai quand je croirai que vous pouvez entrer sans amener de complication.

Ils se retirèrent chacun dans leur chambre.

— Je ne sais que faire, me dit-il. Il a le délire. La présence de son fils lui ferait peut-être du bien. Peut-être, s'il le voit seul, pensera-t-il avec angoisse à l'absente.

— Mais, lui dis-je, puisqu'il n'a pas conscience de ses impressions.

— On ne sait pas ; il subsiste quelquefois, dans ces intelligences momentanément
soustraites à la direction de la volonté et
de la raison, une faculté de souffrir qui sur-
vit à tout le reste.

— N'attendons pas, lui dis-je, que ses souvenirs soient réveillés. Je crois que la première impression, s'il s'en produit une, ne lui
rappellera que sa tendresse. Les terribles
souvenirs viendront plus tard avec la réflexion ; mais s'ils arrivent seulement après
qu'il aura repris l'habitude de voir sa fille
auprès de lui, ils auront moins de puissance
sur son esprit.

Nous nous risquâmes sur ce raisonne-
ment problématique. Nous conseillâmes
à Victorine d'entrer dans la chambre du
malade, et, sans chercher à se faire remarquer, de rendre quelques services, de
ranger les fioles, de relever les couvertures ;
peut-être même, si l'on n'apercevait aucun
symptôme d'émotion vive, de présenter quelque breuvage. Quand cette épreuve aurait
duré quelques minutes, Victor entrerait à
son tour et s'arrêterait près du lit. Nous
nous laisserions guider par les événements.

Ils vinrent comme il avait été convenu.
Victorine prit sur-le-
champ le rôle de
garde-malade. Li-
bert la vit.
sans la re-

connaître. Il
eut comme une lueur d'intelligence dans le
regard, quand Victor s'approcha de son lit.

15.

— C'est Victor, lui dis-je.

Mais l'esprit était déjà reparti pour la région des rêves. Le médecin dit que l'épreuve avait assez duré, et qu'il faudrait la renouveler après un intervalle. Il pria aussi Victorine de se retirer.

— Mais il ne me reconnaît pas, dit-elle, il ne sent pas ma présence. Je puis rester ; j'y suis résolue.

Elle resta. Peu à peu, elle prit une plus grande part à la menue besogne de la chambre d'un malade. Au bout d'une heure, elle s'acquittait seule de tous les soins. Nous crûmes voir que le malade éprouvait du soulagement à la sentir occupée de lui. La nuit vint ; elle voulut veiller seule. Le médecin prit la précaution de faire rester la religieuse dans la chambre voisine ; mais elle n'eut pas une seule fois à intervenir. Le lendemain, il y avait un mieux sensible, et Victorine était évidemment acceptée et préférée, avant d'être reconnue.

Nous en éprouvâmes du soulagement ; mais il me restait un grand sujet d'inquiétude.

« Il remonte à la surface, me disais-je.

Il est évident qu'il va bientôt se ressaisir. Dès qu'il sera maître de sa pensée, la mémoire lui reviendra ; il ne subit encore que l'influence presque physique d'une personne aimée ; quand il saura qui elle est, une lutte s'établira entre l'impression et la pensée douloureuse. Plus. sa volonté est forte, plus il y a lieu de redouter qu'une fois remise en exercice, elle ne domine et ne règle tout ce qui n'est que sensation et sentiment. »

Je restais assis devant lui, épiant le retour de sa personne, et me disant avec amertume que c'était le retour de la vie, que je l'aurais salué avec joie en toute autre circonstance, et que j'étais réduit à le redouter.

Il revint à lui, le délire cessa, il put parler et suivre quelques idées ; mais, heureusement, ses facultés ne se réveillèrent pas avec toute leur puissance. Il était incapable d'effort ; il s'en tenait, pour ainsi dire, aux surfaces. Il appela Victorine par son nom, d'un ton affectueux, mais sans se réjouir de sa présence comme d'un retour, et en paraissant croire qu'elle ne l'avait jamais quitté.

Nous nous dîmes que ses souvenirs se for-
meraient peu à peu, et qu'il n'y aurait
pas de crise violente. Nous pûmes
compter alors sur sa sagesse

éprouvée. Il se dominera; il se
dirigera. L'espoir rentrait en nous.
Nous étions désormais sûrs de le
voir revivre, et revivre, hélas! pour souffrir.
La maladie fut très courte, malgré sa

violence, mais la convalescence fut longue,
et c'était ce que nous pouvions souhaiter
de mieux. Victorine reprit doucement sa
place dans le cœur de son père. Il était cons-
tamment triste : mais il n'avait pas de crises
de désespoir. Sa faiblesse le protégeait
contre lui-même. Victor avait pu entrer à
l'École polytechnique. Lorsqu'il revenait,
le dimanche et le mercredi. son père avait
un mouvement de joie qui dépassait évidemment la mesure. Je voyais à ce signe que
la mémoire n'était pas loin, et je redoutais
toujours le moment où elle serait com
plète.

Quand ce moment arriva, j'assistai, moi
seul, à la lutte qui se produisit en lui. Je
provoquai ses confidences, pour porter le
remède où il serait nécessaire. Mon noble
ami n'eut pas besoin d'être protégé contre
sa passion. Il vit sur-le-champ quel était son
devoir, et il s'appliqua à le remplir avec
une fermeté héroïque. Il fut. dès les premiers jours, au niveau de sa tâche. Rien,
dans son langage et dans ses manières, n'aurait pu faire soupçonner le secret qu'il portait en lui, et qui le torturait jour et nuit. Il

parlait de sa femme, quand son souvenir
était évoqué naturellement dans la conversation, en termes affectueux et élogieux.
Ceux qui le croyaient au courant de tout
admiraient son courage. Ils étaient peu
nombreux. Le gros de nos amis, en l'écoutant et en le voyant, se prenait à douter de
ce qui avait paru si évident, et avait fait le
fond des conversations pendant quelques
semaines. Non seulement il préservait son
fils de la tentation d'un duel, et sa fille
de l'horrible pensée qu'elle n'avait plus de
père ; mais il protégeait la mémoire de l'ancienne bien-aimée ; de celle qui avait perdu
son avenir et flétri tout son passé.

A quel prix ! C'est ce que pourraient
seules deviner les âmes délicates, chez les-
quelles de tels souvenirs ne s'effacent jamais. Je l'observais, je lisais en lui. Je me
tenais prêt à le consoler et à le soutenir si
la peine devenait trop dure. Un incident
fort inattendu aggrava tout à coup la situation.

Victor n'avait pas tenu à l'École la conduite qu'on attendait de lui. On aurait compris qu'il fût abattu par le chagrin ; au

contraire, il était agité, désordonné, fiévreux ; toujours en querelle avec ses cama
rades. Le général lui fit plusieurs remon
trances, écrivit à son père de le raisonner,
de le calmer. « Je n'y comprends rien, »
disait M. Libert. Peut-être craignait-il déjà
de comprendre. Ces disputes perpétuelles
devaient aboutir à un duel ; le duel eut lieu ;
Libert ne l'apprit qu'après l'issue du com-
bat, qui avait été favorable à son fils. Son
adversaire était blessé très légèrement.
Tout s'était passé sur le terrain de la façon
la plus honorable ; mais la provocation venait de Victor ; elle avait été violente ; elle
n'avait pas paru justifiée ; l'opinion se pro-
nonçait fortement contre lui ; il fut mis aux
arrêts pour un mois ; on parla de le poursuivre en police correctionnelle pour coups
et blessures. Il fut évident pour Libert et
pour moi qu'il voulait se faire une réputation de duelliste, et nous n'en devinâmes
que trop la cause. Nous nous dîmes : « Il
sait tout ! » Et je me demandais si sa sœur
aussi n'était pas instruite.

A partir de ce moment, je partageai
toute mon attention entre elle et Libert et

je ne tardai pas à reconnaître que mes soupçons étaient fondés. La fille et le père, en présence l'un de l'autre, ne laissaient paraître, ni dans leurs paroles, ni dans leur air, la terrible pensée qui les obsédait; mais, plus ils l'avaient cachée, plus elle les possédait quand ils cessaient de se contraindre. La douleur n'a pas seulement besoin d'être consolée, elle a besoin d'être confiée, et c'est ce qui aggravait leurs souffrances et les rendait intolérables. Non seulement ils ne pouvaient s'épancher avec personne, mais il leur fallait, quand ils étaient ensemble, feindre une tranquillité qu'ils avaient perdue pour jamais. Ils soutenaient ce rôle avec une fermeté qui ne se démentit pas un instant. Mais il leur arrivait par intervalles, tout en gardant leur secret, de perdre leur empire sur leurs sentiments. Ils avaient l'humeur irritable. Victorine, toujours pleine de respect, ne cachait pas sa tristesse. Elle sentait trop péniblement que ses caresses étaient repoussées, que sa présence était importune; elle allait, dans son injustice, jusqu'à dire odieuse. Elle souffrait bien plus, la pauvre et excellente fille, du mal qu'elle faisait involontairement, que de celui qu'on lui faisait. Elle se disait, dans son bon petit cœur, qu'elle devait expier les torts de sa mère, et qu'elle les aggravait par sa présence, puisqu'elle imposait à cet homme une contrainte si douloureuse. Je commençai à craindre que la gageure ne pût être soutenue plus longtemps ni d'un côté ni de l'autre. Cette maison, qui semblait unie, où l'on n'entendait jamais un mot un peu vif, où tout se passait en dévouement d'un côté, en protection attentive de l'autre, heureuse et privilégiée en apparence, était au fond un enfer.

Victorine prit un grand parti :

— Je vais l'affranchir, dit-elle ; c'est à moi de souffrir.

Il était dans son cabinet, en train de mettre la dernière main à un mémoire pour l'Académie des sciences morales et politiques, quand Victorine entra, contre sa coutume, et vint s'agenouiller devant lui. Il sentit son cœur défaillir, à la pensée de l'explication tant redoutée ; mais elle avait tout autre chose dans l'esprit :

— Dieu m'appelle à lui, mon père. Bénissez-moi, je vais vous quitter...

Elle réussit à prononcer ces paroles sans pleurer; mais elle ne put retenir ses sanglots plus longtemps, ils éclatèrent quand elle eut fini de parler, et elle resta là, affaissée sur elle-même,

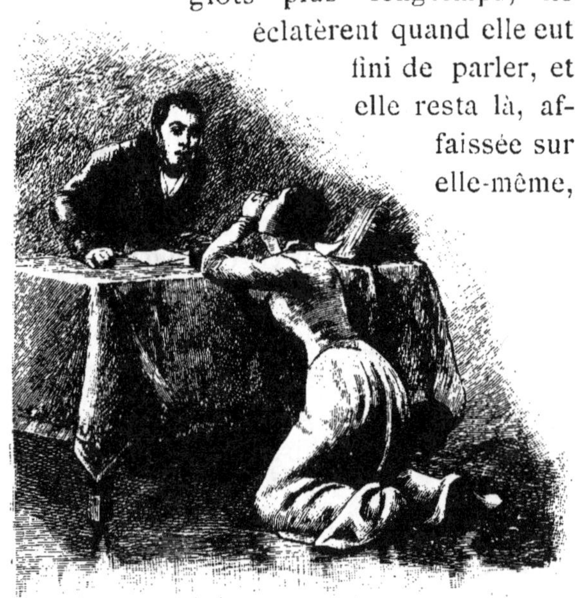

cachant sa figure dans ses mains, désirant ardemment une caresse, n'osant pas l'offrir, en proie à la plus amère et la plus irré—médiable douleur. Pour lui, à ce spectacle, tous ses souvenirs lui revinrent à la fois

ceux qui ne le quittaient pas et qui redou-
blèrent de violence ; ceux aussi qu'il re-
trouvait si souvent, qu'il ne cherchait pas
à chasser quand ils lui venaient, et qui lui
montraient la mère de cette enfant telle
qu'elle était avant sa chute, et telle qu'elle
était redevenue après un égarement qui fut
bien court, et qui n'en était pas moins sans
remède. Son émotion était si violente qu'il
ne pouvait ni se mouvoir, ni se résoudre.
Peu à peu, celle qui était là à ses pieds reprit sa place dans son cœur et dans sa pensée. Elle souffrait tant ! Et elle était si pure !
si aimante ! si dévouée ! Depuis un an, elle
souffrait sans se plaindre, sans se démentir
une seule fois ! Quelle fille aurait fait plus
qu'elle ? Quelle fille aurait aimé davantage ?
En ce moment même, elle se condamnait
sans hésiter à une claustration éternelle, à
des devoirs rigoureux, pour lui rendre, à
lui, sa tranquillité, ne pouvant lui rendre
son bonheur. Et lui, qui pendant tant d'années n'avait vécu que pour elle, n'était-il
pas son père, par cette longue et ardente
tendresse ? La pensée de vivre côte à côte
avec elle l'avait fait trembler ; celle de la

quitter le terrassait. Il sentait, il voyait
qu'en sortant de cette maison, elle empor-
terait son cœur avec elle.

Son premier mouvement avait été de la
relever pour la serrer dans ses bras et la
couvrir de baisers. Mais il eut la force de
se contenir, et de penser qu'une affaire aussi
grave, d'où dépendait leur vie à l'un et à
l'autre, ne devait pas être vidée dans un
moment d'entraînement. Il la prit par la
main pour la relever, fut obligé d'y mettre
un peu de force, la fit asseoir sur un
canapé à côté de lui, reprit sa main qu'il
baisa, n'osant pas baiser sa figure baignée
de larmes, parce qu'il sentait qu'une fois
qu'il la tiendrait sur son cœur, il ne la lais-
serait plus s'expliquer; et d'une voix dans
laquelle perçait malgré lui son ancienne
tendresse :

— Avez-vous réfléchi, lui dit-il, ma Victorine bien-aimée?

On était à la fin de janvier; le jour bais-
sait et finit par disparaître; il ne fit pas
apporter de lumière; ils restèrent là dans
l'obscurité; lui, calme en apparence, tenant
dans sa main cette petite main frémissante;

elle, appuyée seulement sur le dossier du
meuble, secouée de temps en temps par
des sanglots qu'elle s'efforçait de réprimer,
et trouvant pourtant la force de répondre
à toutes les questions avec précision et
fermeté. Tout était prêt; elle était attendue;
elle n'avait pas choisi un ordre austère; il
recevrait le lendemain une lettre explica-
tive de la supérieure. Elle n'avait subi aucune pression; l'idée de se retirer du
monde lui était venue spontanément. Elle
souffrait beaucoup, oh! beaucoup, de se
séparer de son père et de son frère. La séparation ne serait pas absolue. Ils pourraient la voir au parloir; on lui permettrait
de leur écrire. Non; elle ne pouvait pas
dire que la vie du cloître l'attirât; mais elle
ne regrettait dans le monde que les deux
personnes si chères qu'elle allait quitter.

Il n'avait plus aucun doute à la fin de
cet interrogatoire, qui fut long et minu-
tieux. Il lisait dans cette âme candide comme
dans un livre. Il vit la raison de son sacrifice. Et comme il lisait aussi en lui-même,
il vit bien qu'il ne pourrait jamais l'accepter. Son cœur tressaillait à la pensée que

l'ancienne confiance allait renaître, et que ces élans de répulsion passionnée, qu'elle avait devinés, et qui étaient l'occasion unique de son sacrifice, ne se reproduiraient plus. Il s'expliqua à son

tour, sans remonter à la cause principale, qui ne devait jamais être mentionnée entre eux, et, malgré cette restriction nécessaire, ils arrivèrent à jeter sur leur situation une clarté parfaite. La paix et la certitude descendaient en même temps dans leurs âmes. Victorine s'enhardit dans l'obscurité à placer sa tête sur l'épaule de son père. Il

écarta ses cheveux pour l'embrasser, comme
il faisait quand elle était toute petite. Ils
restèrent là deux heures entières, et pen·
dant la dernière heure sans se parler, mais
sans se quitter. Ce fut comme la séparation entre l'existence qui finissait, et la vie
nouvelle qu'ils allaient commencer. Libert
prononça quelques mots pour demander
de la lumière; elle répondit d'une voix
joyeuse et calmée. Elle-même alluma une
bougie; puis elle revint à Libert, qui l'embrassa doucement, comme autrefois, comme
au bon temps. Ils se prirent par le bras,
et firent quelques pas ensemble dans la
chambre, comme pour reprendre possession du monde.

— Nous ne nous quitterons plus, dit-
elle.

Il ne répondit pas, mais il la regarda en
souriant. Ils dînèrent en tête-à-tête, comme
ils le faisaient tous les jours, et s'aperçurent
pour la première fois que c'était charmant.
Il l'obligea de se coucher de bonne heure.

— Tu dormiras bien, dit-il.

— Je crois bien; je penserai à toi,... à
ta bonté, ajouta-t-elle plus bas.

Mais il lui mit la main sur la bouche, et depuis il n'y eut jamais entre eux d'autre allusion à leur malheur.

COLAS, COLASSE

ET

COLETTE

COLAS,
COLASSE

ET

COLETTE

J'ai beaucoup connu à Lorient, il y a
soixante-cinq ans, un pâtissier nommé
M. Colasse, qui demeurait dans la rue du
Port, à quelques pas de la Bôve ; tous mes
camarades de ce temps-là l'ont connu. C'était
un homme qui faisait des tartelettes admirables. Les unes étaient remplies de frangi-
pane, et les autres d'une délicieuse confiture

de groseilles. Elles coûtaient un sou, mais
on en avait pour son argent.

Colasse était célèbre parmi nous pour
les tartelettes et, parmi ses concitoyens
plus avancés en âge, pour son voyage à
Paris. Quand Colasse faisait la cour à Philomène (madame Colasse s'appelait Philomène ; c'était le nom qu'on lui donnait
généralement ; on disait : « Philomène et
M. Colasse ». Ce n'était pas très révéren-
cieux. Cela provenait, je suppose, de ce que
Philomène se tenait ordinairement derrière
une fenêtre ouverte, avec un tablier blanc à
piécette, et des fausses manches, et de là
nous passait toute la sainte journée des tartelettes qu'elle saupoudrait de beau sucre
blanc, et que nous recevions dans la rue.
Si elle nous avait laissés entrer chez elle, ju-
gez donc ! à dix heures et à quatre heures,
la boutique aurait été encombrée. Non,
elle nous servait par la fenêtre, ce qui était
bien plus pratique pour elle, et tout aussi
commode pour nous. C'était à proprement
parler une marchande des rues, tandis que
M. Colasse était juge suppléant au tribunal
de commerce), quand donc Colasse faisait

la cour à Philomène, il lui avait promis un
voyage à Paris pour cadeau de noce ; non
pas un voyage à faire là, sur-le-champ, aussitôt après la cérémonie, mais un voyage
qui viendrait en son temps,
quand on aurait fait des
économies.

— Est-ce bien vrai? di-
sait Philomène.

— Je vous le jure,
répondait Colasse. Dus-
sé-je faire des tartelet-
tes nuit et jour, je vous
conduirai à
Paris; c'est
décidé.

Elle l'é-
pousa.

Ils n'avaient
rien. Toute leur for-
tune consistait en un très petit et très modeste mobilier : un lit, une table, quatre
chaises, dans leur chambre ; un comptoir,
une table, quatre chaises dans la boutique.
Joignez-y le four, le rouleau à pâte, deux
moules pour faire des lampions à la crème

et des pâtés de veau, c'était tout. et ce n'était guère. Mais Philomène n'était pas depuis trois mois à sa fenêtre, qu'elle était l'amie de cœur de tous les enfants de la ville. Je dois dire qu'outre ses tartelettes, elle vendait aussi des berlingots.

Il y avait bien peu de gens à Lorient qui fussent allés à Paris. On allait plutôt à Chandernagor ou à Pondichéry. J'avais mon oncle Fontaine qui était allé jusqu'en Chine; il n'en était pas plus fier pour cela; mais il se serait joliment pavané s'il était allé à Paris. Il serait devenu le moniteur de la mode, le roi des élégances ; on aurait bu avidement ses paroles, tandis qu'on l'écoutait à peine quand il parlait de Madagascar ou du cap de Bonne-Espérance. Qui est-ce qui ne connaît pas le Cap ? Mais Paris, c'est une autre affaire.

Une voiture partait de Lorient tous les lundis et tous les jeudis, à six heures du matin. On dînait à Vannes, chez Vincent, à la Croix Verte, et l'on filait directement sur Rennes, où l'on arrivait le lendemain matin. Là il fallait attendre la voiture de Saint-Brieuc. A dix heures, tous les voyageurs s'empilaient dans une diligence de la Compagnie Laffitte et Caillard, qui ne voyageait pas la nuit. On couchait à Laval et à Alençon ; et si l'on était parti le lundi, on arrivait tout droit à Paris le jeudi sur les cinq

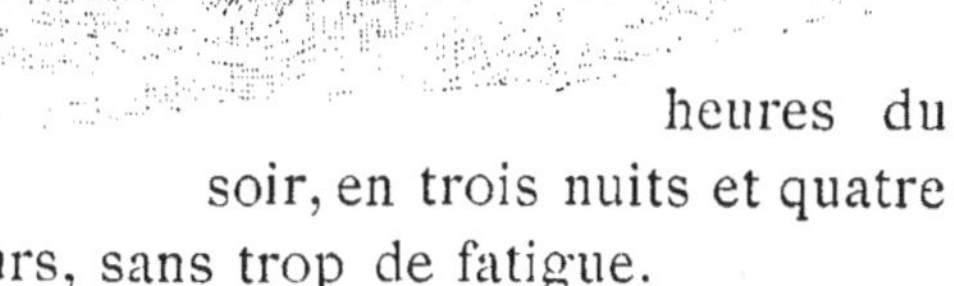

heures du soir, en trois nuits et quatre jours, sans trop de fatigue.

Mais voyez mon étourderie! Je vous raconte là le voyage que j'ai fait en 1831. M. et madame Colasse ont fait le leur en 1812. De 1812 à 1831 les progrès de la messagerie ont été énormes. On n'avait pas l'idée, en 1812, d'aller de Lorient à Rennes en un jour et une nuit, par la raison que personne ne voyageait la nuit. La voiture aurait versé,

les loups vous auraient mordus, les bri-
gands vous auraient massacrés. On couchait
à Vannes, à Laval, à Mayenne, à Alençon,
à Mantes. Cela prenait huit grands jours;
juste deux jours de moins qu'il n'en faut à
présent pour aller en Amérique. Et l'on
disait :

— La Bretagne n'est pas déjà si arrié-
rée : on va de Brest à Paris en dix jours.

Colasse ruminait cet itinéraire ; il faisait
ses calculs : huit jours pour aller, huit
jours pour rester, huit jours pour revenir;
total vingt-quatre jours, et en réalité vingt-
six pour des Bas-Bretons bretonnants,
comme Colasse et sa femme, car il y avait
deux dimanches pendant lesquels il fallait s'arrêter, et aller aux vêpres et à la
messe.

Les prix étaient fort élevés : un petit écu
(3 francs) par personne pour aller à Vannes
dans la rotonde, un écu de six livres pour
aller de Vannes à Rennes, et vingt-quatre
livres de Rennes à Paris. En tout, pour les
deux Colasse, aller et retour, cent trente-deux
livres, sans compter les pourboires aux
postillons, et la bonne-main du conducteur.

Nos deux futurs explorateurs avaient aussi étudié la question de l'auberge pendant la route, et de l'auberge à Paris. Pour la route, ils connaissaient leur affaire sur le bout du doigt : trente sous par repas et par personne, jusqu'à Vannes inclusivement : total une pièce de six livres pour la journée. La couchée en sus. Les voyageurs qui dormaient dans la chambre commune avaient leur lit pour rien ; mais un mari et une femme, voyageant ensemble, voulaient une chambre pour eux seuls : c'était deux francs. Cet ensemble de frais représentait la somme énorme de huit francs par jour, et dix francs à partir de Rennes. Dix francs de ce temps-là, c'est trente francs de ce temps-ci. Les renseignements sur les dépenses à faire dans Paris étaient on ne peut plus vagues. M. Kerisouët, capitaine de brick, un grade supprimé depuis ce temps-là et qui était quelque chose comme chef de bataillon dans la ligne, descendait à l'hôtel de l'Amirauté, et dépensait quinze livres dix sous par jour; oui, ma chère ! mais le père Dorval, second maître de la sainte-barbe, qui l'accompagnait dans son voyage, avait trouvé arrangement pour trois livres dix sous. Pas possible de vivre à moins, c'était la dernière limite. Toutes ces dépenses accumulées pendant la durée de vingt-six jours, et la diminution probable de leurs recettes à Lorient, leur donnaient le frisson, sans ébranler leur courage.

Ils avaient mis des années et des années à mûrir leur plan dans toutes ses parties. On en riait dans la ville. On disait à Philomène, en passant devant sa fenêtre :

— Où êtes-vous ?

Elle, toujours de bonne humeur, répondait :

— A Mantes; nous approchons.

Et plus tard :

— La visite est faite; il s'agit de revenir.

Ils découvrirent très vite qu'ils pouvaient supprimer un des deux repas à l'auberge en mangeant du pain et du fromage.

— Mais toi, Philomène, tu prendras ta tasse de café au lait.

— Jamais de la vie; est-ce que tu plaisantes ?

M. Colasse avait un chariot fort propre et bien suspendu, avec lequel il allait à

Hennebont, le jour des Vœux ; à Quimperlé,
quelquefois même à Quimper ou à Vannes
les jours de foire, pour vendre des pâtés et
des tartelettes. Cet équipage était traîné par
une bonne jument, qu'il appelait Colette,
et qui faisait ses amours.
L'idée lui vint qu'il ne serait
pas plus coûteux d'aller jusqu'à Paris dans sa
carriole.

— Nous n'aurons
que les frais d'au-
berge à payer.

— Mais Colette
ue fera pas cent qua-
rante lieues en dix
jours.

— Ni même en quinze !
Nous en serons quittes pour
prolonger nos vacances.

— Abandonner la maison pendant six
semaines !

— Ce ne sera qu'une fois dans toute notre
vie.

— Va pour six semaines.

— Et nous serons chez nous tout le

temps, dans notre voiture et avec Colette.

— Et je mettrai des provisions dans un grand panier.

— Et le vendredi, nous mangerons des oignons et des œufs durs.

Vous auriez dit deux enfants.

M. Colasse avait pris chez lui le fils de son frère, qui se nommait Colas de son petit nom ; Colas Colasse, naturellement, mais on l'appelait Colas, pour le distinguer de son oncle. Il lui avait donné une éducation si soignée, qu'il faisait les berlingots et les meringues dans la perfection.

— Il ne m'égale pas pour les tartelettes, disait M. Colasse : mais c'était pure vanterie de sa part ; le garçon était ce qui s'appelle un bon pâtissier. D'ailleurs, rangé comme une jeune fille, honnête, au courant des écritures ; on pouvait sans inquiétude lui laisser la maison pendant six semaines. Elle serait un jour à lui, puisque Colasse et Philomène n'avaient pas d'enfants.

— Nous nous aimons comme au premier jour, disait-elle ; mais j'aurai quarante-cinq ans à la Victoire.

Elle n'en paraissait pas quarante. Elle

avait été fort jolie et était encore agréable
à voir. Elle respirait la douceur et la bonne
humeur. Quant à Colasse, tout le monde
l'aimait dans Lorient, les enfants à cause de
ses tartelettes et les
grands à cause de sa

probité, de sa gaieté et de son
innocence. On disait de lui : « C'est la bête
au bon Dieu. »

Enfin, le grand jour vint. On passa l'avant-
veille à faire l'inventaire du magasin, la
veille à entendre une messe que Philomène
fit dire à l'église de la Congrégation, et à

faire visite à tous les amis. Le lundi matin, Colette fut attelée à la voiture ; Colette bien pansée, la voiture bien lavée, les paquets bien ficelés. On embrassa Colas à trois ou quatre reprises, on monta lestement dans la carriole, qui était bien garnie de rideaux de cuir, et Colasse, non sans regarder bien des fois en arrière, traversa les rues de la ville, encore désertes à six heures du matin, et enfila d'un trot relevé la promenade du Châtelet.

Tout alla bien pendant les premiers jours du voyage, et tout n'alla pas trop mal pendant les derniers. Le séjour à Vannes fut plein de délices pour Philomène. Elle visita l'église de Saint-Paterne, l'église du Mené et assista à la messe canoniale dans la cathédrale de Saint-Pierre. C'est là qu'elle entendit un orgue pour la première fois. Rennes lui plut beaucoup moins. Elle jugea avec raison que la cathédrale de Sainte-Mélaine était très inférieure à celle de Vannes. Elle admira beaucoup le palais de justice ; mais elle n'était connaisseuse qu'en fait d'églises ; et la ville qui avait les plus belles églises était pour elle la reine des villes. Elle questionnait tous les gens instruits qu'elle rencontrait sur les églises de Paris. Il y en avait par douzaines. On lui avait surtout parlé de Notre-Dame, de Saint-Eustache et de Saint-Sulpice; mais il y en avait peut-être quarante autres et toutes très belles! Par exemple, ce qui manquait à Paris, c'était la mer. La Seine, quelque belle qu'elle fût, ne pouvait pas en dédommager. Elle n'était peut-être pas plus large que le Scorff devant les chantiers de Caudan.

Ce que Colasse voulait voir, lui, c'était une revue passée par l'empereur au Champ de Mars : deux cents tambours roulant à la fois sous le commandement d'un seul tambour-major. L'empereur était son homme. Il aurait mieux aimé le roi; mais puisque le roi était mort, il était corps et âme à l'empereur « qui avait relevé les autels ». Il ne le disait pas tout haut à Lorient, à cause de son commerce; mais à présent, entre Mayenne et Alençon, seul dans sa propre carriole avec Philomène, il donnait librement carrière à ses opinions, et ses opinions pouvaient se résumer ainsi : « Vive l'empereur.

puisque, malheureusement, c'est lui qui, à présent, est le roi! »

Mais voyez-vous, mon ami, on a beau aimer sa femme, on a beau aimer son mari, vingt jours de solitude à deux, quand on frise la cinquantaine, c'est beaucoup de tête-à-tête; on finit par épuiser tous les sujets de conversation. On a beau se sentir heureux de voir le monde; rien ne ressemble autant à une plaine normande qu'une autre plaine normande, surtout quand on a l'habitude de ne considérer la campagne qu'au point de vue de son rendement en blé ou en pommes. On a beau ménager Colette et diminuer de plus en plus les étapes; elle commence à être terriblement harassée, la pauvre bête, et Colasse se demande tous les matins, en l'attelant, s'il ne ferait pas bien de lui donner deux ou trois jours de repos. Philomène répond, en soupirant légèrement, que deux ou trois jours à Mortagne, — dont l'église, comparée à Saint-Paterne, de Vannes, ou à Toussaint, de Rennes, a l'air d'une grange à battre, — ce serait d'un ennui mortel. La petite caravane avance tristement, à pas comptés. Colette a l'oreille basse, Philomène essaye de dormir ou bâille à se démantibuler la mâchoire. Colasse ne fait que siffloter. Il descend à chaque instant « pour se dégourdir », puis il remonte « pour se délasser », puis il descend de

nouveau, caresse Colette et remarque qu'elle est en sueur.

— Est-ce qu'elle ne marche pas un peu bas?

Il lui souffle dans les naseaux. Il lui donne un morceau de pain, de son propre pain.

D'ailleurs, il n'a plus d'appétit. Toujours du pain rassis et de la viande froide, c'est un triste régal pour un pâtissier accoutumé aux bons morceaux.

On leur avait dit de faire bien attention à Versailles, qu'il y avait là un palais superbe.

— Et les églises? avait dit madame Philomène.

— Oh! les églises sont très ordinaires.

Ils passèrent entre le grand escalier et la pièce d'eau des Suisses, et virent une aile du palais au-dessus de l'Orangerie.

— Tiens! dit Colasse, la maison n'est pas finie; elle n'a pas de toit.

Ils s'arrêtèrent dans la rue des Chantiers pour faire reposer Colette, et n'y virent que des chantiers de bois à brûler et des auberges de rouliers.

— Versailles, ce n'est pas grand'chose.

La route pavée les cahotait horriblement.

— Ils ne savent pas paver dans ce pays-ci, disait Philomène. S'ils venaient à Lorient, ils sauraient ce que c'est qu'un pavé proprement tenu.

Depuis longtemps ils avaient cessé de dire bonjour aux passants comme cela se

fait en Bretagne, parce qu'on ne leur répondait pas. Cette indifférence leur pesait :

— Quels sauvages ! ne sommes-nous pas
tous chrétiens ?

Ils se rencontrèrent, à partir de Sèvres,
avec des voitures de maraîchers qui revenaient de la halle. Colasse avait fort à faire
pour ne pas accrocher à chaque instant.

— Prends donc garde ! disait Philomène.

— Je fais de mon mieux, répondait
Colasse.

— Tiens, voilà une charrette à gauche.

— Et un fourgon, à droite.

— On est si tranquille dans les rues de
Lorient ! Pas un embarras. On n'a qu'à marcher tout droit devant soi. C'est Colette qui
voudrait y être ! Elle est mal dans toutes
ces écuries.

— Et nous aussi, dans leurs auberges. Ils
ne savent pas seulement ce que c'est qu'une
couette de plumes. J'ai les reins à demi
brisés.

Philomène pensait à sa boutique, où
une fille de service trônait à sa place. La
rentrée allait venir ; et tous les collégiens,
que diraient-ils en ne la voyant pas sourire

à sa fenêtre? Enfin! cela ne durera pas toujours.

— Dis donc, Colasse, est-il bien nécessaire de rester huit jours à Paris?

— C'est pour Colette.

— Mais elle est restée deux jours à Prez-
en-Pail.

— M'est avis que quatre jours à Paris lui
suffiraient.

— Peut-être deux.

— En deux jours, tu ne pourras pas voir
toutes les églises.

— J'en ai tant vu! C'est plutôt toi. Il n'y
aura pas comme ça une revue à point
nommé.

— Et si l'empereur n'est pas à Paris!

— Le garçon d'écurie m'a dit hier qu'il
était à Moscou. Est-ce que c'est bien loin?

— Hé! là-bas, prenez donc garde, vous
allez m'accrocher, crie une voix en colère.

— Avez-vous l'idée de casser mon ha-
quet? crie un portefaix attelé à une brouette.

— Défaites vos malles, dit un douanier.

— Qu'est-ce que tout cela? s'écrie Philomène.

— C'est Paris, voilà Paris ! répond Colasse.

— Ma foi, dit Philomène en regardant les alentours de la barrière des Bonshommes, ce n'est pas beau.

— On dirait la vieille ville d'Hennebont.

— Oh ! la vieille ville, dit Philomène

qui veut être impartiale, la vieille ville est tout en hauteur. Il faut monter, descendre. C'est très dangereux. Ici on va de plain-pied.

— Allons, allons, les malles! répètent les douaniers, et ils en jettent une par terre au risque de la briser. La clef!

— Je la cherche.

— Dépêchez-vous!

— Je ne la trouve pas.

Le douanier prend un coin et un marteau pour faire sauter la serrure.

— Que diable! dit Colasse qui perd un peu de son sang-froid, donnez-moi le temps.

— Alors, ôtez-vous du chemin.

— Je ne demande pas mieux.

Et il fouette Colette pour la pousser en avant.

— Minute! mon garçon. Vous voulez entrer avant la visite. Savez-vous que je vais vous mener au poste? Allons, en arrière! et attendez votre tour. C'est le grand moment de la sortie.

— Y en aura-t-il pour longtemps?

— Pour une heure, dit le brigadier, qui voit à qui il a affaire.

Colasse va se mettre derrière la file des charrettes arrivantes qui s'est formée pendant qu'il parlementait, et il voit la file des

charrettes partantes se dérouler lentement
à côté de lui. Le temps lui paraît d'une longueur! Et Philomène est d'une humeur!

— Si j'avais su cela, dit-elle, c'est moi
qui n'aurais pas quitté Lorient!

— Ni moi non plus, dit Colasse. On n'est
jamais bien hors de chez soi.

— Eh! dites-moi, madame, dit Philomène à une dame qui est derrière elle, juchée
sur l'impériale d'un chariot rempli de paquets de linge; est-ce que vous connaissez
bien Paris?

— Si je connais Paris? comme ma poche.
Je suis blanchisseuse !

— Y a-t-il partout autant de monde et de
charrettes?

— Deux fois plus dans le quartier Saint-
Martin.

— Et l'église de Notre-Dame, est-ce vraiment bien beau?

— Notre-Dame? Connais pas.

— Est-il Dieu possible! Vous venez tous
les jours à Paris, et vous ne connaissez pas
Notre-Dame!

— Non, non; pas tous les jours : les mercredi et samedi seulement. Ma paroisse est

Saint-Nicolas, de Sèvres. Bonsoir, voisine ;
je passe devant vous puisque vous restez
là. Drôles de gens tout de même ; on dirait
qu'ils ont pris racine sur la route.

— Philomène, sais-tu une idée qui me
pousse ?

— Oui, dit-elle ; c'est que tu commences
à en avoir assez de Paris.

— Justement.

— Moi de même. Et je pense que nous
serions joliment bien à Lorient, dans l'ar-
rière-boutique, pour manger nos sardines
grillées et nos crêpes de sarrasin avec ce
gros bêta de Colas.

— Après tout, nous sommes nos maîtres.
Personne ne peut nous empêcher de partir
d'ici. Les douaniers qui sont là-bas à fouiller le monde, et qui ne font que rire en nous
regardant, n'ont pas le droit de toucher
à nos affaires si nous retournons à Versailles.

— Et à Vannes.

— Et à Lorient.

— Pour un rien je leur brûlerais la poli-
tesse.

— Nous serions chez nous dans vingt

jours d'ici. Voilà près d'un mois que nous sommes dehors.

— Je ne sais pas comment nous avons eu l'idée de nous tant remuer pour voir ces sales maisons.

— On dit qu'il y en a par milliers !

— Et puis après? Si c'est toujours la même chose!

— Philomène! Est-ce dit ?

— C'est dit.

— En avant pour la rue du Port! Allons, hue! Colette.

Colette tourne le dos à Paris. Philomène fait

à Paris une moue dédaigneuse. Colasse redevient gamin, et lui fait la nique en appuyant ses deux mains sur son nez :

— Ma foi, dit-il, je n'ai jamais eu le cœur si content.

Plus ils se rapprochent de Lorient, et plus

ils sont remplis d'aise. Aux alentours de
Vitré, ils reniflent l'air du pays. Comme
leur boursicot est encore bien garni, ils
voyagent en grands seigneurs. Ils descen-
dent à Rennes à l'hôtel Piré, rendez-vous
des fermiers et des bourgeois comme il faut.
Ils restent tout un jour chez Vincent, à
Vannes, pour faire respirer Colette. Un jour
aussi à Auray, chez Morifin, qui tient le Pa-
villon d'en bas, parce que Philomène tient
à aller jusqu'à Sainte-Anne pour remercier
la Vierge de sa protection pendant leur
voyage. Ils y vont à pied, et ils entourent
la chapelle de ces ficelles enduites de cire
qu'on appelle de la bougie à Sainte-Anne,
et partout ailleurs des rats de cave. Le lendemain ils sont à Lorient, parfaitement
heureux d'y être, et plus heureux encore
d'avoir fait leur fameux voyage.

— J'avais juré de faire le voyage de Paris, et je l'ai fait, dit Colasse, en frappant
sur sa cuisse de l'air d'un homme qui célèbre
ses propres exploits.

Il commence le soir même un récit de
ses aventures qui ne doit finir qu'avec sa
vie. Ce qu'il a vu de merveilles est incon-

cevable. Philomène en a vu encore davantage. Le plus curieux de tout, c'est qu'ils
n'inventent rien. Un Breton n'est pas un
Gascon. Colas écoute de toutes ses oreilles.
Il se sent rempli d'un respect nouveau pour
ses excellents parents. Ce ne sont plus des

gens de province; ils ont vu Paris! ou tout
au moins la barrière des Bonshommes. Ce
respect est partagé par tous ceux qui les
entourent. On s'étonne qu'un si grand personnage consente à faire des tartelettes. Il
les fait avec plus de perfection depuis son
retour. Les gens de Paris vous ont un tour

de main que les simples provinciaux n'attrapent jamais.

Je vous ai conté une histoire de mon temps, qui est le vieux temps. Cette année, tous les Lorientais monteront sur la tour Eiffel.

UN NORMALIEN

en 1832

NORMALIEN

EN 1832

On ne change pas seulement de goûts et de position en vieillissant, on change d'amis; c'est ce qu'il y a de plus triste. Les uns meurent, d'autres nous quittent; quelques-uns se transforment en ennemis. Ceux-

là ne sont pas ceux qu'on regrette. J'ai le
bonheur d'avoir encore des amis qui me
sont restés fidèles depuis plus de cinquante
ans. Je leur suis reconnaissant, d'abord
d'avoir vécu, et ensuite d'avoir persévéré.
C'est grâce à eux que j'ai tant de peine à me
persuader que je suis devenu un vieillard.
Quand il m'arrive de rencontrer un de ces
vieux camarades, et ce n'est jamais assez souvent à mon gré, il me semble que nous arpen-
tions la veille les rues du quartier Latin.
Celui que j'ai là me rappelle tous les compagnons que nous avions alors, et, grâce à
lui, je retrouve, comme d'autres amis, tous
les sentiments qui nous emplissaient le
cœur.

Je suis entré à l'École normale en 1833.
L'École, dans ce temps-là, n'était pas somp-
tueuse. C'était une vieille bâtisse sans caractère, attenante au collège Louis-le-Grand et
qui avait été, dans l'origine, le collège du
Plessis. On avait réuni le collège du Plessis
au collège Louis-le-Grand lors de la des-
truction des petits collèges, et le collège
Louis-le-Grand, ainsi complété, était devenu,
quelque temps avant la Révolution, le chef-

lieu de l'Université de Paris. Quand l'empire fonda la Faculté des lettres, il l'établit au collège du Plessis; je ne sais trop par quel procédé. J'ai beau regarder la maison du haut en bas (la regarder dans mes souvenirs), je ne vois pas une seule chambre assez vaste pour contenir cent auditeurs. La Faculté ne tarda pas à s'établir dans les bâtiments de la Sorbonne; on la remplaça, au Plessis, par l'École normale, qui fut fondée en 1810. L'École, à en juger par son installation, était bien modeste. Mais le premier élève qui y entra s'appelait Victor Cousin, et je trouve, à la suite de ce grand nom, toute une série de noms glorieux ou célèbres : Guigniaut, Dubois, Loyson, Augustin Thierry, Jouffroy, Damiron; et je ne parle que de la section des lettres !

Quand j'arrivai, à la fin de 1833, on entrait par une masure, épontillée tant bien que mal à l'aide de deux ou trois poutres et dans laquelle le portier occupait une sorte d'échoppe. On avait devant soi une cour assez longue, ou plutôt une allée bordée d'un côté par une haute muraille, et des trois autres par des bâtiments fort maussades, qu'on aurait pu prendre pour une caserne en mauvais état, ou pour un hôpital. Il y avait pourtant un essai d'embellissement, c'était une rangée d'arbres malingres qui semblaient languir le long du mur pour bien démontrer l'absence du soleil.

Nous avions là dedans, au rez-de-chaussée, un réfectoire et deux salles de conférences mal éclairées par de petites fenêtres; à l'entresol étaient le logement du sous-directeur et la bibliothèque :

toute petite bibliothèque rangée sur des tablettes mal équarries, avec une table de sapin et des chaises de paille pour tout mobilier. C'est là que M. Cousin faisait son cours le dimanche. Le premier étage était occupé par une grande salle d'études, commune aux deux premières années des lettres. et par un dortoir unique, où couchait toute l'École. La troisième année des lettres habitait le dernier étage sous les toits. Nous y étions en liberté dans quatre chambres : la chambre des philosophes, la chambre des lettrés, la chambre des historiens et la chambre des grammairiens. Pauvres grammairiens ! C'étaient les fruits secs de la première année, ceux qui avaient échoué aux épreuves de la licence. Ils ne restaient que deux ans à l'École, et se trouvaient ensuite relégués, avec de maigres appointements, dans les classes de cinquième et de sixième. Nous les regardions, et ils se regardaient de bonne foi, comme des créatures inférieures. La grammaire a bien pris sa revanche depuis ce temps-là.

Vous remarquerez que je ne parle pas du tout de l'École des sciences. Elle avait, dans la même maison, son installation séparée, avec un cabinet de physique et des laboratoires. Je me rappelle seulement que nos camarades se trouvaient très mal pourvus chez eux et travaillaient, autant que possible, dans les locaux de la Sorbonne.

L'État, qui ne faisait aucuns frais pour le matériel, n'en faisait pas davantage pour le personnel.

Cousin avait l'École dans ses attributions, comme conseiller de l'Université. On lui donnait pour cela un *préciput*, qui était, je suppose, de trois mille francs. Il était logé tout près de nous à la Sorbonne, dans l'appartement où est encore aujourd'hui sa bibliothèque donnée par lui à l'Université. Il était à vrai dire notre souverain et faisait de nous, de nos maîtres et de nos règlements, tout ce qu'il voulait. Le directeur proprement dit, celui qui résidait dans l'École et était chargé des détails de l'administration et de la discipline, était M. Guigniaut, traducteur de la *Symbolique* de Kreutzer et le meilleur homme que la terre ait produit. Il était professeur, comme l'était aussi M. Cousin. C'était un savant à désespérer les Allemands, un véritable d'Ansse de Villoison; il savait tout ce que nous n'avions pas besoin de savoir, et c'était aussi ce qu'il nous enseignait, d'où il suit que son cours était le plus savant et le moins utile de l'École. Il avait un petit logement tombant en ruines, dans la masure dont j'ai parlé, et qui servait de vestibule à l'École. Nous n'entrions chez lui qu'avec terreur, parce qu'il était chargé d'exécuter les ordres de M. Cousin. Il les désapprouvait, les exécutait, et les expliquait avec une prolixité et des arguments qui nous plongeaient dans la stupéfaction. Il fallait faire comme lui : se soumettre. Une seule fois, nous eûmes le courage de résister. Cousin, qui était par anticipation grand partisan du surmenage, avait eu l'idée de nous supprimer le congé du jeudi. Nous envoyâmes des députés chez les conseillers, ses collègues; et je suppose que M. Orfila, qui représentait l'École de médecine dans le conseil, fut pour nous, car, contre toute attente, notre jeudi nous fut rendu. Ce n'était qu'un demi-congé; nous sortions d'une heure à sept.

Nous avions encore un sous-directeur,

M. Jumel, très mal élevé, très ignorant, à
la fois bourru et bonasse, qui avait tout
juste assez d'esprit pour savoir que le dernier des élèves de l'École avait plus d'esprit
que lui; et un maître d'études choisi parmi
les maîtres les moins capables de Louis-
le-Grand, homme d'une bêtise achevée et
d'une incapacité rare, dont on a fini par faire
un économe dans un petit collège de province, où je réponds qu'il a réduit les gens de
service au désespoir. Je l'aimais beaucoup;
j'aimais M. Jumel et M. Guigniaut; j'aimais
tous mes camarades. J'avais une admiration
profonde pour tous nos professeurs, qu'on
appelait nos maîtres de conférence. Mais
mon cœur appartenait par-dessus tout à
Jean Le Bris, qui était mon confident, mon
orgueil, ma consolation, et avec qui je passais toutes mes récréations et tous mes
jours de sortie. Il était solide comme un
paysan breton, mais moi j'étais presque
toujours à l'infirmerie. Il y accourait dès
qu'il pouvait, et c'était bien, malgré sa
rudesse, le plus aimable compagnon et le
meilleur garde-malade qu'on pût rêver.

⁎
⁂

Mais à présent que j'ai décrit tant bien que mal la maison, et introduit Jean Le Bris, dont je vais vous raconter l'histoire, je vous avertis, avant de commencer, que Jean Le Bris n'était peut-être pas à l'École, que, s'il y était, il ne s'appelait pas Jean Le Bris, qu'il n'a peut-être pas été au séminaire de Vannes, et qu'il n'est peut-être pas membre de l'Institut à l'heure où je vous parle. A part ces petits détails, tout est scrupuleusement vrai dans le récit que je vais vous faire.

Nous nous étions connus et aimés au collège de Vannes. J'avais quinze ans, il en avait vingt. Mais je n'ai jamais été enfant, quoique j'aie toujours été jeune. Ce collège de Vannes ne ressemblait à rien de ce qu'on pourrait imaginer à présent. Il y avait là des écoliers de mon espèce, petits bourgeois faisant bourgeoisement leurs études pour être avocats ou médecins, et ayant l'âge qu'on a ordinairement au collège; et, à côté d'eux, pour une bonne moitié, des paysans de vingt à vingt-cinq ans, dont le breton était la langue maternelle, qui parlaient le

français difficilement, portaient le costume
du pays, et vivaient de rien dans des gre-
niers et des soupentes, sans feu ni couver-
ture, subissant ce
supplice pendant

quatre et cinq ans, par vanité et par ambi-
tion pour se transformer de paysans en
prêtres. C'était le temps de la Restaura-
tion, et le pays des chouans. Les chouans
étaient encore là, et, dans nos campagnes
toujours arriérées, le curé était le même

personnage qu'avant la Révolution, ou même un plus grand personnage parce qu'il n'était plus effacé et primé par le seigneur. Jean Le Bris étudiait donc pour être prêtre. Il était ce que nous appelions un *cloarec*.

Mais il n'était pas dans le troupeau comme le premier venu. Tous ces cloarecs étaient d'honnêtes gens très grossiers. On leur mettait à vingt-cinq ans une soutane sur le dos. Ils n'en étaient pas moins des paysans. Dix ans après être sortis du séminaire, ils oubliaient le peu de français qu'ils avaient appris au collège. Quant au latin, ils ne l'avaient jamais su, ce qui ne les empêchait pas d'être vertueux et charitables ; voilà pour le gros de la bande. Il y avait parmi eux une élite comme dans toutes les foules. Il y avait les saints, connus pour tels ; non pas des mystiques, mais des prédestinés. Il y avait, de loin en loin, un théologien, quelquefois un prédicateur, plus que cela, un apôtre ; tel était Jean Le Bris ; et, en attendant qu'il devînt la gloire de la chaire, il était celle de notre collège. Il était le premier à perpétuité. Dans sa classe on ne concourait plus que pour les seconds prix et la

seconde place. C'était l'usage alors de donner une croix au premier et au second de
chaque composition. Le premier la portait
avec une rosette d'officier, et le second avec

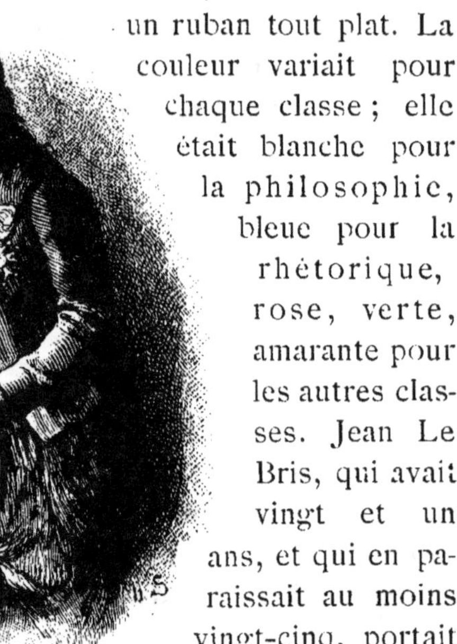

un ruban tout plat. La
couleur variait pour
chaque classe ; elle
était blanche pour
la philosophie,
bleue pour la
rhétorique,
rose, verte,
amarante pour
les autres clas-
ses. Jean Le
Bris, qui avait
vingt et un
ans, et qui en pa-
raissait au moins
vingt-cinq, portait
fièrement sa rosette blanche sur sa veste
de paysan, et il eut la boutonnière fleurie
tout le temps qu'il resta au collège.

Il n'eut pas moins de succès en philosophie qu'en rhétorique, mais la philosophie ne lui plut pas. Elle était enseignée

par M. Monnier, qui était chargé de la rhétorique l'année précédente, et que nous
avons vu depuis député à l'Assemblée légis-
lative. M. Monnier était un saint, et malgré
cela, un homme d'esprit, mais il avait le
défaut, assez grave pour un homme qui enseignait la philosophie, de ne pas savoir ce
que c'était. Il avait entendu parler d'*innovations* faites par les Parisiens.

— Ils ont là-bas un jeune homme, nommé
Victor Cousin, qui a trouvé moyen de raf-
finer encore par-dessus les raffinements de
La Romiguière.

Ce qu'était cette quintessence de raffine-
ment, il ne s'est jamais donné la peine de
le chercher.

— On a fait pour moi, nous disait-il, un
petit résumé des inventions de La Romiguière.

Il nous le dictait, c'était fort court, et
d'une puérilité sans égale.

— Tenons-nous-en à la vieille philosophie
de nos pères, disait-il ensuite, c'est la bonne.

Et là-dessus, il nous faisait apprendre les
Cahiers de Lyon, et argumenter à outrance
sur toutes sortes de thèses de métaphysique

ou de morale. Il ne m'est resté dans l'esprit que la définition de l'idée; je la donne ici en passant, pour ceux de mes lecteurs qui ont le malheur de ne pas avoir étudié les « Cahiers de Lyon » : *Idea est repræsentatio mera objecti circa mentem realiter præsentis.* Cela veut dire, en français : « Une idée est la représentation pure d'un objet réellement présent autour de l'esprit »; et, en réalité, cela ne veut dire rien du tout. J'ai retenu aussi les fameuses règles d'argumentation en *baroco.* Je m'en suis tant servi pendant un an!

Nous avions, le samedi, des *sabbatines* où le public était admis. Il y venait quelques vieux avocats qui nous décochaient des syllogismes. On ne parlait que latin, bien entendu! M. Monnier et ses contemporains ne regardaient pas le français comme une langue philosophique. Un de ses collègues vint me trouver longtemps après, quand je faisais déjà figure dans l'Université, pour me montrer un petit travail qu'il publierait, disait-il, s'il avait mon approbation. Le pauvre homme avait pris la peine de traduire en français la traduction latine de la *Méthode*, qu'il prenait pour l'original.

— Il y a bien une traduction française, me dit-il; mais elle est si mauvaise! Une traduction française! Ce qu'il appelait une traduction, c'était le texte immortel du *Discours de*

la *Méthode*. Voilà où en était mon pauvre collège.

Jean ne manquait pas de me dire que toutes ces argumentations, qui ne prouvaient

rien et n'ouvraient sur rien des vues nouvelles, lui causaient un profond dégoût.

— Je voudrais penser, disait-il, et nous
ne faisons que bavarder.

Il plaignait M. Monnier, et il ajoutait :

— Fort heureusement pour lui et pour
moi, nous avons la foi.

Il avait alors une foi robuste. Et pourtant il avait compté sur la philosophie pour
lever certains doutes qui l'obsédaient, et
pour éclairer certains points restés obscurs
dans son esprit; la philosophie le laissait
dans ses obscurités et ses incertitudes,
et il commençait à se débattre entre la
volonté de croire et la possibilité d'y
parvenir.

Déçu de ce côté, il porta son espoir sur
la théologie. Nous faisions des dissertations
à perte de vue, et notre refrain était toujours : « Il nous faut un maître! » Comme
il devait entrer au séminaire l'année suivante,
il me disait :

— Je te donnerai mes cahiers ; je referai
pour toi les leçons que j'aurai reçues. Tu
deviendras un théologien.

Nous ne mettions pas en question la

divinité du Christ et le mystère de la Rédemption. Nous admettions sans hésiter la Trinité et la Création. Nous avions beaucoup de peine à concilier le mal moral avec la perfection et la toute-puissance divines. Le péché originel pouvait expliquer la chute d'Adam: mais que les générations qui n'avaient pas participé au péché fussent comprises dans la condamnation, cela nous paraissait contraire à toute notion de justice. Cependant il fallait admettre le péché originel pour admettre ensuite la rédemption et l'institution des sacrements. Grand sujet de perplexité pour Le Bris et moi! La grâce aussi nous embarrassait. Pouvait-elle se concilier avec la liberté? Et si elle était gratuite, pouvait-elle se concilier avec la justice? Nous tournions et nous retournions sans cesse ces questions dans notre esprit. Il arrivait qu'un de nous, en se levant, avait découvert une solution. Il courait l'apporter à l'autre, et il s'apercevait, en l'expliquant, qu'elle ne supportait pas l'examen. C'était une suite d'enthousiasmes et de désespoirs. Il se joignait à cela un scrupule. Ne commencions-nous pas à douter? Nous pensions

qu'il aurait fallu, en bons chrétiens, recourir
à la prière.

— Il faut nous abêtir, disait Jean Le Bris.

Mais ce n'était pas, dans sa bouche, résignation. C'était déjà colère, et presque révolte. Et toujours la même conclusion :

— Attendons le séminaire!

Il y entra à la fin de 1830.

*
* *

Les *Trois Journées* avaient été une forte distraction pour moi, qui avais le tempérament politique. Au problème de concilier la perfection divine avec le péché originel, s'ajouta désormais dans mon esprit le problème de concilier la liberté avec l'ordre public. Jean ne se laissa pas distraire.

— Pourvu, dit-il, qu'on n'attaque pas la religion!

Ce fut toute la réflexion que lui inspira le changement de dynastie. C'était un Breton dans la force du terme, allant droit devant lui sans regarder à droite ni à gauche, semblable à un bœuf qui trace son sillon.

J'accourais au séminaire chaque fois que

j'avais un instant. On ne voyait plus que moi
rue du Mené. J'étais si bien
noté que j'avais mes
grandes entrées,
non pas dans
la maison,
où ne

pénétrait jamais aucun pro-
fane, mais dans la cour de récréation.

— Y êtes-vous? disais-je à Jean.

— Pas encore. On repasse la logique.

— Et à présent?

— A présent, on fait un cours d'Écriture sainte.

— Justement, la Genèse! Voilà le péché originel.

— Mais, disait-il, le professeur ne fait qu'expliquer les textes, établir la doctrine. On la discutera plus tard.

La discussion ne vint point et ne devait point venir. On répondait aux questions de plus en plus ardentes de mon pauvre ami, par la distinction entre le dogme révélé, dont il suffit de prouver l'existence, et le dogme philosophique, dont il faut comprendre le sens et démontrer la vérité.

Le texte dont se servait le maître était celui de saint Jérôme. Jean savait quelques mots d'hébreu. Il avait pris, chez l'abbé Le Ber, quelques livres de controverse exégétique. Deux ou trois fois, il lui vint comme une pensée que l'argumentation du professeur reposait sur une faute du traducteur. Il lutta contre lui-même pendant quelque temps, mais ce doute revenait toujours; et, après tout, pourquoi un maître,

si ce n'est pour résoudre les difficultés? Il
n'osait. Il voyait tous ses condisciples satisfaits et confiants. A la fin, il se risqua :

— *Liceat loqui, domine reverendissime.*

— *Do veniam.*

— Votre argumentation est invincible,
dit Jean, si la traduction de saint Jérôme
est fidèle. Mais voici le texte hébreu....

Vous voyez la suite.

— Eh bien, qu'a-t-il dit? lui demandai-je
avec anxiété.

— Il est resté quelque temps en silence,
pendant que je sentais tous les yeux de la
classe fixés sur moi, et enfin il m'a dit avec
douceur, et, à ce qu'il m'a paru, avec tristesse : « Monsieur l'abbé, vous réciterez les
sept psaumes de la Pénitence, à genoux,
devant le sacrement de l'autel. »

— Et toi, qu'as-tu dit? Qu'as-tu fait?

— Ce que j'ai dit? j'ai dit : *Gratias ago
quam maximas.* Ce que j'ai fait? j'ai fait ma
pénitence, et j'ai prié Dieu sincèrement de
m'éclairer ou de m'apaiser.

— Et Dieu a-t-il eu pitié?

— Non, mon ami ; et regarde, voici
encore des passages mal rendus par la

Vulgate. Il faudra que je recommence à interroger.

Il recommença; il fut encore puni.

— Je ne puis pourtant pas, me disait-il, passer ma vie à genoux devant le saint sacrement.

Il devint suspect à ses maîtres et odieux à ses compagnons. Ces esprits grossiers, qui admettaient tout sans examen et sans scrupule, l'accusaient d'orgueil et « de libertinage ». Il vit sa carrière perdue dans l'Église; mais ce qui l'occupait tout entier, ce n'était pas son avenir, c'était la vérité. Je souffrais comme lui, autant que lui, pour lui, et même pour moi. Cet hiver de 1831 fut un des plus tristes de ma vie. Je sentais des angoisses mortelles.

On me disait : « Qu'as-tu donc? » Je ne répondais pas : « C'est ce passage de saint Jérôme! » Je l'avais dans la tête nuit et jour.

Par une belle matinée du mois d'août, je revenais de la messe du dimanche, et j'attendais impatiemment midi pour aller voir Le Bris au séminaire, quand je le vis dans ma chambrette, à côté de moi. Il était très pâle, mais très calme.

— J'ai quitté ces messieurs, me voilà
libre, me dit-il.

Je ne comprenais pas d'abord. Il fut
obligé de me répéter qu'il avait quitté pour
toujours le séminaire, qu'il renonçait à être
prêtre.

Il répétait par instants :

— Je n'ai plus la foi ! je n'ai plus la foi !
avec un accent désespéré.

Puis il se remettait, et envisageait sa
situation avec sang-froid. Elle était affreuse,
puisqu'il n'avait pas même le pain de la
journée, et qu'il ne pouvait compter sur
personne. Il avait été reçu bachelier l'année
précédente, et il ne doutait pas qu'on ne
lui donnât un petit poste, au mois d'octobre, dans quelque petit collège.

— D'ici là, je vivrai chez mes parents.
Ils me traiteront comme un réprouvé. Mais
il vaut mieux passer pour un réprouvé, que
de l'être. J'ai une autre corde à mon arc,
poursuivit-il. Le concours pour l'École nor
male s'ouvre à Rennes mercredi. En marchant bien, je puis arriver à temps pour
concourir. Là, au moins, on ne répondra pas
à mes questions par des pénitences !

— Tu vas à pied? (Il y a vingt-sept lieues.)

— Oui, seigneur.

— Sans argent?

— Sans autre argent que le tien. Combien as-tu?

— Dix francs.

— Ce sera assez pour cinq jours. Tu me reverras lundi en huit. Peux-tu me prêter ta *lévite*?

J'avais une lévite! Et même, comme c'était dimanche, je l'avais sur moi. Il était assez gros, et j'étais maigre comme un cent de clous. Mais quand je m'étais fait confectionner ce fastueux vêtement, j'avais pensé judicieusement que je ne pouvais manquer de grandir et de grossir. J'étais comme enseveli là dedans; il y était fort étriqué. Nous éclatâmes de rire.

— Tâche de faire vendre ma soutane par madame Le Normand, me dit-il. Cela me servira à payer ma place dans la rotonde, si je vais à Paris.

Madame Le Normand était ma logeuse; elle garda la soutane pour son fils, qui était prêtre, et Le Bris put voyager dans la rotonde, en grand seigneur, car il fut reçu à

l'École normale : reçu le dernier, malgré
son talent. Je fus aussi reçu le dernier l'année suivante pour le concours écrit. Aucun
de nos professeurs du collège de
Vannes n'était capable d'être
reçu. Pauvres gens!
très bons prêtres, et

même bons professeurs. Ils enseignaient
bien ce qu'ils savaient, mais ils ne savaient rien.

— M. Le Gall a été excellent, me dit Jean
Le Bris.

M. Le Gall était le supérieur du sémi-

naire. Il était aussi le premier grand vicaire
et le véritable chef du diocèse ; vert et actif
malgré ses quatre-vingt-deux ans, adminis-
trateur consommé, jugeant les hommes
mieux que qui ce soit, et donnant journel-
lement l'exemple des plus rares vertus.

Ce saint homme avait été un soldat hardi
et vaillant pendant la chouannerie. Il dit
à Le Bris :

— Tu fais bien de nous quitter. Jette
l'habit, mais garde la foi. On peut être chrétien dans le monde. Prends-moi pour confident au jour du péril. Je suis toujours
ton père.

— Il m'a offert de l'argent, me dit Le
Bris, qui eut des larmes dans les yeux. Je
lui ai dit que je comptais sur toi. Il s'est
mis à rire, et m'a embrassé.

Je le conduisis jusqu'à Malestroit en marchant une partie de la nuit, car je devais
être à ma besogne le lendemain dès six
heures du matin. J'eus une grande déception l'année suivante. Je lui écrivais des
lettres de quatre pages. J'écrivais souvent,
malgré la dépense. Une lettre de Paris à
Vannes coûtait alors soixante-dix centimes.

Il me répondit à peine un ou deux billets pour toute l'année. quoique je l'eusse averti de ne pas affranchir. Il me rassurait sur sa santé; aucun détail sur l'École; pas un mot sur saint Jérôme. J'étais affligé et blessé. Je compris, quand je fus à l'École, qu'elle avait commencé pour lui par supprimer le reste du monde.

*
* *

J'arrivai à mon tour en septembre 1833. Quand je descendis de l'impériale, dans la cour des Messageries, rue Saint-Honoré, mon ami était là pour me recevoir dans ses bras.

Je jouais une forte partie. A la suite du concours écrit, on appelait vingt d'entre nous pour subir, à Paris, l'épreuve décisive du concours oral. J'avais obtenu le n° 12. Il y avait dix bourses. M. Cousin trouvait le moyen de faire entrer quinze élèves en divisant chacune des cinq dernières bourses en deux demi-bourses; mais comme j'étais parfaitement hors d'état de faire les frais d'une demi-bourse, si je ne parvenais pas à

21.

être classé dans les cinq premiers, c'est-à-dire
à gagner au moins sept places, il ne me restait qu'à repartir immédia-
tement pour Rennes.

Je n'avais pas

eu, comme Le Bris, de soutane à vendre.
Mon frère aîné m'avait donné toutes ses
économies, et malgré cela, il me faudrait
faire toute la route à pied, plus de quatre-

vingts lieues, et accepter, du recteur de l'Académie, le premier poste qui me donnerait du pain. Nous prîmes ma malle, Le Bris et moi, chacun par une poignée, et nous la portâmes jusqu'à l'hôtel d'étudiants de la rue des Mathurins-Saint-Jacques, où il m'avait retenu une mansarde. C'est ainsi que je fis mon entrée triomphale dans la ville de Paris. Huit jours après, j'étais reçu le second à l'École normale, et j'étais l'homme le plus heureux de la création.

Nous avions quatre professeurs : M. Mablin pour le grec ; M. Gibon pour le français et le latin ; M. Lebas pour l'histoire, et M. Thuillier pour la philosophie.

La première chose que je compris, malgré mon succès, dû à une certaine facilité de parole, ce fut que mes camarades en savaient beaucoup plus que moi sur toutes les matières.

Les maîtres, par malheur, ne manquèrent pas de faire en même temps la même découverte. J'apportai à M. Mablin la traduction en grec d'un chapitre de *Télémaque*.

— Je ne puis pas corriger cela, dit-il ; c'est une série de solécismes et de barbarismes.

Je le crois bien! J'avais découvert le grec
l'année précédente, quand j'avais pensé à
me préparer pour l'École. Mes professeurs
de là-bas n'en avaient pas la plus légère
idée. Même ignorance en histoire, en philosophie. J'aurais pu trouver grâce auprès de
M. Gibon, car je savais assez bien le latin
et je tournais un discours français aussi
bien qu'un autre; mais j'eus le malheur de
débuter par une rapsodie romantique qui ne
valait pas le diable, et qui me brouilla avec
lui pour jamais. Horreur! je me dis que j'é-
tais propre tout au plus à faire un agrégé de
grammaire, et que, loin d'aspirer au premier
rang, je devais m'estimer heureux si je parvenais à passer en seconde année. Je devins
un piocheur de grammaires et de diction-
naires, ne faisant plus que des thèmes et
des versions, et me considérant moi-même
comme une sorte de pédagogue renforcé,
destiné à faire indéfiniment des classes de
sixième et de cinquième, et à mourir principal de quelque collège du dernier ordre. Je
voyais que mes maîtres et mes camarades
me prenaient aussi sur ce pied-là. Fort
heureusement j'étais mû par le sentiment du

devoir. La carrière de l'enseignement ainsi rabaissée n'avait plus aucun attrait pour moi; mais je ne voyais pas le moyen de m'en ouvrir une autre, et je travaillais de mon mieux à refaire mon éducation. La difficulté était énorme. J'étais en réalité un commençant; personne ne se souciait de me faciliter des études qui auraient dû être faites cinq ou six ans plus tôt. Je sentais moi-même que je n'avais aucune facilité pour ce genre de travail. Non seulement j'étais tombé dans une catégorie de rebut, mais je n'étais pas sûr d'y être accepté. Je songeais avec amertume à tous mes prix du collège de Vannes, aux espérances qu'on fondait sur moi.

J'amassai cependant quelques connaissances cette année-là. Je travaillais si continûment et avec tant d'application, que ma santé s'en est ressentie pendant bien des années. On me savait gré de tant d'efforts. Les bienveillants disaient que je n'étais pas plus bête qu'un autre, mais qu'on n'aurait pas dû me recevoir à l'École, puisque je n'étais pas en état de suivre les cours.

Quand je pus prendre sur moi de penser

à autre chose après ce premier choc, je
pensai à mon âme. C'est là que Le Bris m'attendait. Je me dis qu'il avait passé, comme
moi, sa première année, à se refaire. Il y
avait mieux réussi que moi. Il était maintenant classé parmi les premiers. Ses inquiétudes religieuses n'avaient trouvé aucun
apaisement. D'abord M. Mablin et M. Gibon
étaient plutôt des professeurs de langues
que des professeurs de belles-lettres. Ils
avaient l'un et l'autre la philosophie et les
philosophes en abomination.

M. Mablin était un vieil Italien, dont le
vrai nom était Mabellini ; je crois qu'il avait
été prêtre, et qu'il ne s'en souvenait plus ;
tout son esprit était dans un traité lumineux
qu'il avait composé sur l'accentuation grec-
que. Je vois encore son air de componction,
quand il nous disait en élevant la voix :

— Toute syllabe accentuée reçoit l'accent
circonflexe, si elle peut le recevoir.

Il avait une autre passion, qui était l'*iota-
cisme*. Il démontrait avec une érudition
accablante et des arguments irrésistibles,
qu'Érasme avait altéré le son de deux
voyelles et de plusieurs diphtongues, dans

le but de rendre la dictée des devoirs plus facile. Sa leçon commençait ainsi :

— D'abord et *à priori* il faut rejeter la prononciation d'Érasme.

Dire ce qu'il y avait de dédain, et en même temps de colère, dans la façon dont il soulignait le nom de cet ennemi, serait impossible. Il fallait l'entendre. La prononciation d'Érasme! L'abomination de la désolation!

M. Gibon n'était ni moins savant, ni moins étonnant. C'était le latin en personne. Il le lisait et le parlait comme sa langue naturelle. Je ne suis pas sûr que Gaston Boissier le sache mieux. Mais Boissier est un fin lettré, et Gibon, quoiqu'il n'en convînt pas, ne se souciait pas des lettres. Il trouvait madame de Sévigné incorrecte. Victor Hugo le faisait bondir. Il avait pourtant un talent qui suppose beaucoup d'esprit : il raillait à merveille. Nos pauvres saillies, et nos pauvres métaphores, et nos pauvres tirades, quand il les lisait, et surtout quand il les commentait, nous paraissaient aussi stupides qu'à lui. Nous prenions la résolution de nous contenter d'être très clairs, sans jamais aspirer à montrer quelque grâce.

Quant à Philippe Le Bas, il savait sur le bout du doigt l'alentour de toutes les questions. Vous pouviez le prendre sur n'importe quel point d'histoire le plus inconnu, le plus indifférent : il avait chez lui, quelque part, plusieurs cartons qui concernaient cette affaire : d'abord la liste des histoires générales où ce petit fait était mentionné, avec indication des meilleures éditions ; et puis la liste des histoires spéciales ; celle des monographies, sans jamais oublier le nom de l'éditeur, le lieu et la date de la publication, le format et le nombre des éditions. Il passait de là aux sources ; les manuscrits, les monuments, *testimonia veterum et recentiorum*. On n'écrivait pas un catalogue en Allemagne qu'il ne le feuilletât aussitôt à notre intention. De l'événement en lui-même, il ne nous disait jamais rien, par la raison qu'il ne le savait pas. Un enfant de dix ans l'aurait battu sur l'histoire ; mais il aurait battu toute l'Académie des inscriptions sur la bibliographie.

Il avait été le précepteur du prince Louis-

Napoléon, de sorte qu'il était bonapartiste ;
mais il était le fils de l'ami, du compagnon
de Robespierre, de sorte qu'il était républicain. Plus républicain que bonapartiste. Il
était de ces républicains comme j'en ai
connu beaucoup, qui disaient que Louis-
Napoléon avait fait l'empire pour donner
de la solidité et de l'efficacité aux idées
républicaines. Il eut bien vite démêlé que
j'étais républicain, et il me prit en affection
pour cela. Il m'aurait appris l'histoire s'il
l'avait sue, et si mon ignorance des premiers rudiments n'avait été un obstacle
presque invincible.

Nous avions tant rêvé de Jouffroy quand
nous étions au collège de Vannes ! Jouffroy
n'était plus professeur à l'École normale,
c'était Thuillier. Ou plutôt, Jouffroy était
encore professeur titulaire, mais il ne professait plus. Par un hasard assez singulier,
c'est moi qui lui succédai comme professeur
titulaire quand il donna sa démission défini-
tive. Cousin me dit à cette occasion, en me
voyant très troublé : « Ne regardez pas à
qui vous succédez ; regardez à côté de qui
vous êtes. » Cette chaire de première année

était la seule chaire de philosophie qu'il y
eût à l'École. Damiron, en seconde année,
enseignait l'histoire de la philosophie. Cousin s'était chargé d'enseigner la philosophie
aux philosophes de troisième année; mais,
dans tout le champ de la philosophie, il
avait choisi Aristote, dans tout Aristote,
la *Métaphysique*, dans la *Métaphysique*, le
XIIe livre, et dans le XIIe livre, le VIIe chapitre! Jouffroy était donc le seul professeur
de philosophie, et il ne professait pas. Je
ne sais comment ni pourquoi Cousin avait
déterré Thuillier pour le remplacer. C'était
le professeur du collège Saint-Louis. Il
avait étudié sous La Romiguière et était
revenu à Thomas Reid, qu'il commentait
assez correctement, en nous causant un
ennui mortel. Il avait peut-être de l'esprit;
ou plutôt, on croyait de temps en temps
qu'il allait en avoir; mais il s'arrêtait à
temps, en se souvenant de sa dignité, et
nous distillait ses petites réflexions avec
une facilité et une fatuité désespérantes. On
le nomma recteur pour nous débarrasser de
lui, et on nous donna à sa place Adolphe
Garnier, qui était un vrai et fin psychologue.

Je pense que Dieu l'intéressait médiocre-
ment; il n'eut pas l'occasion de nous en
parler; mais, sur la sensation, la perception
extérieure, la mémoire, l'association des
idées et l'instinct des animaux, ni Thomas
Reid, ni Dugald Stewart, ni Georges Leroy,
capitaine des chasses du parc de Versailles,
n'avaient de secrets pour lui. Ce n'était pas
un écho; c'était un très fin observateur, qui,
sur plusieurs points, avait vu mieux et plus
loin que ses maîtres. Il parlait clairement,
méthodiquement, sans imagination ni chaleur, mais quelquefois avec esprit et toujours
avec bon sens. C'était un de ces hommes
qui observent bien ce qui est à leurs pieds,
et ne lèvent pas la tête pour regarder ce
qui est au-dessus d'eux. Je puis jurer qu'il
ne s'était jamais préoccupé de la divinité de
Jésus-Christ, du péché originel, de la rédemption, de la grâce et des sacrements.
Non qu'il n'eût pas une réponse toute prête,
sur tous ces sujets, et sur beaucoup d'autres
plus étrangers à la philosophie. Il savait
tout; c'était son vice. C'est le seul homme
que j'aie connu, qui eût pu passer avec
sécurité l'examen du baccalauréat, sans

broncher, ni sur le grec, ni sur l'histoire,
ni sur les mathématiques, ni sur la physique.
Mais il ne trouvait le sacrement de la pénitence sur aucun programme. Il croyait tranquillement que Jésus-Christ était un théra-
peute qui avait bien fait son chemin. Si on
lui avait appris que l'élève Jean Le Bris et
ce pauvre hère de Jules Simon passaient
leur vie à se demander s'il fallait croire à
l'évangile de l'Évangile ou à celui du Vicaire
Savoyard, il aurait dit qu'ils s'étaient trom-
pés de porte et les aurait reconduits poli-
ment à Saint-Sulpice.

Puisque j'ai parlé de nos professeurs de
première année, je vais sur-le-champ vous
renseigner sur les autres, et vous montrer,
pièces en mains, que la philosophie était
encore dans le même trou, qui avait tant
effrayé et désolé M. Jouffroy. Elle s'occupait
de tout excepté des questions religieuses,
qui sont pourtant quelque chose dans la
philosophie et dans la vie. D'abord si vous
n'êtes pas universitaire... (mais certainement
vous ne l'êtes pas ; à quoi ai-je l'esprit?) Je
devrais dire : Puisque vous n'êtes pas universitaire, apprenez ce détail : c'est que la

première année d'École est un résumé et un approfondissement de toutes les matières étudiées au collège, et que la seconde est consacrée à l'histoire de la philosophie et à celle des lettres grecques et latines. Pour l'histoire proprement dite, la même division n'étant pas possible, la seconde année est réservée à l'histoire de France. La préparation à l'agrégation remplit la troisième année.

Nous avions pour professeurs en seconde année M. Rinn pour le latin, M. Guigniaut pour le grec, M. Nisard pour le français, M. Damiron pour l'histoire de la philosophie, et M. Michelet pour l'histoire. Ces différents cours étaient communs à tous les élèves : philosophes, historiens, etc. En troisième année, chaque ordre était complètement séparé des autres, et les philosophes n'avaient plus qu'un seul maître, qui était M. Cousin.

J'aurais beaucoup d'éloges à vous faire de M. Rinn. C'était peut-être de toute l'École le professeur qui faisait le plus réellement la besogne dont il était chargé. Il avait un programme qu'il suivait de point en point, donnant à chaque question l'importance qu'elle devait avoir, et arrivant le même jour avec une exacte précision à la fin de ses leçons et à la fin de son programme. Tout était fait et bien fait, par un homme très instruit, dont l'esprit était excellent, la méthode et l'exposition lumineuses. Il ne se serait pas permis la moindre excursion en dehors de son sujet. Pas un de nous n'aurait pu dire ce que M. Rinn pensait en religion, en philosophie, en politique, et même en grec. C'était par excellence un homme correct, en qui on avait une confiance absolue pour tout ce qui concernait sa fonction, et à qui personne n'aurait jamais eu l'idée de faire une confidence.

On n'en faisait pas non plus à M. Guigniaut, mais par un autre motif : c'est qu'on savait d'avance que la réponse serait d'une longueur démesurée, et d'une insondable obscurité. Le commerce habituel de la symbolique lui avait donné une grande largeur de vues, mais cette largeur était sans rivage. Il y avait deux choses qu'il ne savait pas : quitter son siège et quitter un sujet. Une fois assis sur la chaise de paille qui tenait lieu de chaire à nos professeurs, il y restait jusqu'à ce qu'on le suppliât de s'en aller. Il venait à huit heures du matin, la leçon devait durer une heure et demie, et il était rare qu'il ne fût pas encore là à midi quand on nous appelait pour le dîner. On jugera du désir ardent que nous éprouvions de nous en aller, malgré les charmes de la symbolique, si l'on pense que nous étions au travail depuis cinq heures du matin, n'ayant donné d'autre pâture à nos estomacs de vingt ans qu'une méchante croûte de pain sec. Il adhérait à ses sujets comme à sa chaise. Nous n'espérions pas aller avec lui jusqu'au bout du programme, mais nous aurions voulu étudier au moins le siècle de Périclès! Impossible; il s'en tenait résolument à Homère. Vous pensez qu'au moins le sujet était magnifique? Sans doute, mais il n'entrait pas dans l'étude de l'*Iliade* et de l'*Odyssée*. La question qui l'occupait par-dessus tout était celle de savoir si Homère avait existé, ou si ses admirables poèmes étaient une ancienne épopée transformée et amplifiée par des rapsodes et des aèdes intermédiaires. Encore ne nous donnait-il un peu clairement que l'opinion de Frédéric-Auguste Wolff sur cette question délicate. La sienne était enveloppée de tant de parenthèses, de notes marginales et de notes au bas de la page, que nous renoncions à l'éclaircir. Allez donc poser à un pareil homme la question du péché originel!

M. Nisard était, de tous nos maîtres, le plus rapproché de nous par son âge. Il ne devait pas avoir trente ans. C'était alors un jeune homme très élégant, très séduisant, d'un commerce charmant, d'une figure agréable. Il faisait avec nous ses débuts comme professeur, timidement, difficilement. Nous savions qu'à la démission de M. Ampère, la place avait été demandée par Victor Hugo et par Sainte-Beuve. M. Guizot l'avait donnée à son secrétaire, à qui nous reprochions d'abord de n'être ni Sainte-Beuve ni Victor Hugo, et ensuite d'être devenu le secrétaire du ministre, après avoir été l'ami d'Armand Carrel et son collaborateur au *National*. Nous étions hors d'état de comprendre qu'il n'y avait pour lui ni questions politiques, ni questions religieuses, mais seulement une

question littéraire. En comparant, comme
lettrés, Armand Carrel et Guizot, il avait
donné la préférence à Guizot. Nous comprenions encore bien moins que M. Guizot
avait fait très sagement en écartant le grand
poète, qui ne nous aurait rien enseigné. ou
qui, s'il avait daigné faire
une leçon, ne nous aurait
enseigné que Victor Hu-
go, et le grand critique,
qui savait admira-
blement écrire un
article, et qui, mal-
gré ses succès à
Lausanne, a prou-
vé depuis à Liège,
et plus tard à l'É-
cole normale elle-
même, qu'il n'était pas, à proprement parler,
un enseigneur. Nisard était le maître par
excellence. Il avait une doctrine simple, une
passion ardente pour sa doctrine, une indifférence absolue pour ce qui n'était pas la littérature, et l'incomparable autorité que don-
nent le suprême bon sens et une conviction
imperturbable. Il réagissait avec véhémence

contre la littérature facile. Cette littérature-
là n'était pas celle de Victor Hugo, mais
elle était celle de ses disciples. J'ose dire
qu'aucune sollicitation de notre part n'aurait entraîné M. Nisard dans une discussion
théologique. Ce qu'il admirait dans Bos-
suet, c'était le métal dont sa phrase est
faite.

Mais le bon, le doux, le sage Damiron, le
vrai modèle de l'homme de bien et du philosophe, le modèle aussi du professeur par
son attachement à ses devoirs, sa ponctua-
lité, son dévouement à la science, son
affection pour ses élèves, n'était-ce pas le
meilleur et le plus sûr des confidents? N'en
doutez pas. C'était un confident, un ami,
un père. Ce n'était pas un maître. Il avait
du bon sens, mais dans une sphère étroite.
Il connaissait assez bien toutes les écoles; il
n'y en avait pas qu'il n'eût visitée. Il ne restait
pas à la porte, il entrait dans les apparte-
ments, les passait en revue, faisait l'inventaire exact du mobilier, écoutait attentive-
ment ce qui s'y disait, et ne savait pas au
juste, en sortant de là, de quoi il avait été
question.

Tout autre était Michelet. Voulez-vous
que je le dise? Il n'y avait que deux maîtres
à l'École : Cousin et Michelet. Je dis deux
maîtres de philosophie. Michelet, vous ne le
savez peut-être pas, avait été professeur de
philosophie. Mais qu'importe le titre? Il a
toujours été professeur de philosophie dans
sa chaire d'histoire. Il racontait les faits
quand il voulait bien y consentir, et il le faisait avec une verve, et une grâce, et une
abondance d'érudition et d'imagination, et
des découvertes, et des vues, et des juge-
ments qui ravissaient et passionnaient l'auditoire ; mais, alors même, c'est une doctrine
qu'il exposait, c'est la lutte des idées qu'il
racontait, c'est la loi éternelle et universelle
qui était en jeu dans cette bataille des faits
éphémères et des passions individuelles.

— C'est peut-être un grand homme de la
décadence, disait Jean Le Bris; mais à coup
sûr c'est un grand homme, un homme de
génie.

Il arrivait, à l'heure fixée, sautillant et
souriant, avec sa figure rose et jeune sous
sa couronne touffue de cheveux blancs,
enveloppé dans une redingote qui lui battait

les talons, et qui était de cette couleur
rouge qu'on appelait *fumée d'enfer*. Ses
yeux brillaient comme des es-
carboucles, tandis que nous
nous pressions autour de
lui pour lui serrer les
mains. Il était rare
qu'il s'assît et
nous fit asseoir.
En général, il
restait de-
bout auprès
du poêle, et
paraissait se
livrer sans
parti pris à
la conversa-
tion. En réalité,
il la dirigeait. Il
nous fécondait l'es-
prit pendant plus d'une
heure. Nous pensions
quelquefois, en le quittant, qu'il ne nous
avait rien appris. Il ne nous avait rien appris sur les détails de la question; il nous
avait soufflé la force nécessaire pour la

juger de haut et la comprendre. Jean m'a
conté qu'il sortait de là, tantôt transporté
et tantôt terrassé. C'est qu'en effet Michelet était divers, comme tous les philosophes
qui sont poètes. Quelquefois il parlait
du catholicisme avec un tel enthousiasme
que Jean se croyait au pied de la chaire
sacrée. Le jour suivant, c'était le tour de
Luther, qui abattait le colosse romain et
sauvait l'humanité de la superstition et de
la corruption. Le maître dont Jean Le Bris
attendait son salut, aggravait et exaspérait
sa maladie.

Quand nous fûmes, Le Bris en troisième
année, sous Cousin, et moi en seconde
année, sous Michelet, je remplissais toutes
nos conversations de mes hymnes à la
gloire de mon nouveau maître. Je n'avais
jamais rien entendu ni rêvé de pareil. Jean
était devenu plus calme, sans cesser d'être
admirateur. Je pensai que Cousin s'était à
son tour emparé de lui. Je savais aussi qu'il
avait été reçu dans l'intimité de Michelet
qui avait, avec une certaine obstination,
renfermé tous leurs entretiens dans l'histoire.

— C'est un éclectique, me disait Jean avec une certaine tristesse.

— Tu te trompes, lui disais-je en riant; c'est Cousin qui est l'apôtre de l'éclectisme.

— Oui, disait-il, je trouve la théorie dans Cousin et la pratique dans Michelet. Cousin est toujours au même point. Je sais bien ce qu'il est : il est le Vicaire Savoyard. Dis-moi si Michelet est protestant ou catholique?

— Il n'est, disais-je, ni l'un ni l'autre.

— Ou il est l'un et l'autre alternativement.

Je trouvais le jugement dur; mais le plus clair pour nous était que nous ne trouvions pas à l'École l'apaisement que nous cherchions. Impossible de parler à Cousin. Nous aurions pu, je pense, affronter sa colère; mais son dédain et ses railleries nous ôtaient toute présence d'esprit. Quand il n'avait pas de raisons à donner et qu'il voulait écarter une question, il s'en prenait à la personne de son interlocuteur avec une telle morgue et un dédain si brutal, qu'à moins d'avoir le droit, par sa position et son talent, de lui imposer silence à son tour, on restait anéanti. Sa vie avec ses inférieurs était un monologue éternel, un prône éternel. Nous savions sa réponse sans avoir besoin de l'interroger. Il avait fait entre la philosophie et le christianisme une sorte de concordat, qu'il admirait autant que le concordat de 1801, dont il était enthousiaste. Qu'on crût ou qu'on ne crût pas, qu'on remplît ou non les devoirs religieux, peu lui importait; il ne voulait même pas le savoir (quoiqu'il le sût toujours). Lui-même ne s'expliquait jamais sur sa propre croyance.

— C'est l'affaire de mon confesseur, disait-il avec un sourire provocant et un éclair dans les yeux.

Pourvu qu'il n'y eût dans l'enseignement aucune doctrine hétérodoxe, et qu'on observât toutes les formes du respect pour l'Église et pour ses ministres, il était satisfait, et croyait que tout le monde devait l'être. Il refusait en réalité son adhésion, mais il n'avait pas peur d'une génuflexion. A l'École, il obligeait tout le monde à aller à la messe et à s'y conduire avec décence; mais quand on voulut nous imposer un aumônier, il fut inflexible. Il a composé,

de sa main, un catéchisme, parce qu'il croyait
le catholicisme bon à répandre; et il ne l'a
pas signé, parce qu'il ne voulait ni ne pouvait faire profession publique de catholicisme. Il a fait aussi une édition populaire
du *Vicaire Savoyard,*
avec une préface
éloquente.

En l'écoutant
dans ses leçons du
dimanche, ou dans
les exhortations
qu'il ne cessait de
nous adresser sur
la politique à suivre
avec le clergé, nous
qui méprisions à
fond cette diplomatie, et
qui ne comprenions qu'une rupture ouverte
ou une soumission filiale, nous repassions
dans notre esprit la phrase désolée de
Jouffroy :

— Toute la philosophie était dans un
trou où l'on manquait d'air, et où mon âme,
récemment exilée du christianisme, étouffait.

Nous étouffions, comme Jouffroy, et nous ne connaissions de lui que sa plainte. Avait-il trouvé la vérité qu'il cherchait, et après laquelle nous soupirions? Tous nos maîtres, excepté celui-là, avaient d'autres soucis que les nôtres; et celui-là se taisait. On consentait à demander si le monde extérieur existait, ou s'il n'était qu'une forme subjective de notre entendement; si Dieu était séparé du monde, ou s'il en était seulement distinct; on effleurait la question de la création et du panthéisme, celle même de la vie future. Mais la grâce, le péché, la rédemption, et tout ce qui s'ensuit, n'était qu'un fatras bon pour les séminaristes. Un de nos bons amis à qui nous parlions de nos doutes nous dit en ricanant :

— Lisez les lettres de Voltaire!

Il est à présent membre de l'Institut, après avoir passé sa vie à les lire.

Notre maladie n'était pourtant pas un cas isolé. D'abord, elle n'était pas rare en Bretagne, et surtout au collège de Vannes. C'était un collège du bon vieux temps, ignorant et crédule comme le bon vieux temps. Plusieurs de nos professeurs, et notre principal, M. Jéhannot, en tête, avaient été professeurs, à ce même collège, avant la Révolution.

Ils avaient repris leur place, leurs idées et leurs méthodes, après *les troubles*, non sans avoir quelque soupçon des *innovations* qui avaient cours au dehors, mais avec la ferme résolution d'en préserver leurs élèves. La moitié d'entre eux étaient prêtres, et les autres plus dévots que des prêtres. Ne pouvant porter une calotte à l'église, ils mettaient un bonnet de soie noire, et à la ville, n'ayant pas de soutane, ils s'enveloppaient dans une sorte de grande pelisse ou de douillette. M. Monnier nous faisait remarquer avec complaisance que c'était aussi un vêtement tombant sur les talons, *vestis talaris*.

Leurs élèves ne lisaient Voltaire ni au collège, ni après avoir quitté le collège. Ceux qui n'entraient pas au séminaire, tombaient peu à peu dans l'incrédulité de fait, mais ils restaient, pour ainsi dire, chrétiens et catholiques en principe, prêts à défendre le catholicisme si on l'attaquait. Les esprits forts disaient de la religion avec

des airs de profondeur : « C'est très bon
pour les femmes. »

A l'École normale, nous ne trouvions pas
ce mélange d'adhésion et d'indifférence,
mais, dans la très grande majorité, une
négation très nette, et, dans un très petit
nombre, une adhésion
tranquille et publique à
la religion. Nos anna-
les démontrent qu'il
en a toujours été
ainsi. Nous
comptons, parmi
nos camarades,
un trappiste,
Jousse ; un vi-
caire général de
Paris, Bautain ;
plusieurs prêtres, Jo-
hannet, Rara, Marmier ; un dominicain,
Hernsheim ; trois jésuites, Olivaint, Ver-
dière, Pharou ; un évêque. Justement le
Père Pharou a été supérieur du collège
Saint-François-Xavier à Vannes. Il n'y avait
pas d'ecclésiastiques futurs parmi nos contemporains proprement dits ; mais trois

ou quatre catholiques fervents au milieu de voltairiens ardents. Nous n'étions, nous, ni voltairiens ni catholiques. Nous étions incertains. Incertains avec le désir ardent de croire. Nous étions, après tout, les seuls malheureux : ou, si ce mot blesse les catholiques, je dirai que nous étions les plus malheureux.

Nous avions été pratiquants, comme du reste tous les enfants de notre temps, même dans les grandes villes, même à Paris ; Jean Le Bris avec enthousiasme. Il aimait avec passion le dogme catholique, ce qui est autre chose que d'y croire. Comme philosophie, il le trouvait profond ; comme règle de la vie, il le trouvait puissant ; comme poésie, il le trouvait adorable. Quand il se laissait emporter par sa pensée dans nos entretiens, je me disais toujours que, s'il avait persisté dans sa première vocation, il aurait été un prédicateur d'une puissance extraordinaire. Je me rappelle un jour où il sortait de la leçon de M. Cousin. Il venait de lire avec lui le septième chapitre du douzième livre de la *Métaphysique* d'Aristote. « Veiller, sentir, penser, est pour

nous le suprême bonheur, et, par conséquent, espérer et se souvenir. Mais Dieu n'a
ni espérance ni souvenir, parce qu'il est la
plénitude de l'acte et de la pensée. Il meut
sans être mû, comme le désirable et l'intelli-
gible... » Il répétait ces belles sentences,
qui remontent si loin dans les âges, et
relèvent si haut nos pensées. « Et c'est là
Dieu », disait-il avec Aristote. Il était émer-
veillé, ensoleillé. Il passait de là à la *Glose*
de saint Thomas, car il le lisait assidûment,
et il disait que la doctrine de saint Thomas
et celle d'Aristote n'en faisaient qu'une.
Deus est actus immanens. Nous comprenions
que la métaphysique arrivée à cette hauteur
produit sur les âmes exactement le même
effet que la poésie la plus sublime, avec
cette supériorité pour la philosophie qu'elle
donne le sentiment de la réalité, tandis que,
même dans l'enthousiasme, on se rappelle
comme malgré soi que la poésie n'est qu'un
rêve.

Puis venaient, de lui ou de moi, les objec-
tions. Et la première, c'était qu'à force
d'expliquer ou d'exprimer la création, saint
Thomas en venait à des formules qu'on

frappe d'anathème quand on les trouve dans les écrits de Spinoza. Il nous arrivait souvent d'entrer dans une église, à Notre-Dame ou à Saint-Séverin. Nous n'y allions pas pour prier, mais pour penser, dans la majesté religieuse de ces solitudes. Nous apercevions parfois quelque jeune prêtre, passant sous les arceaux silencieux. Jean lui jetait des regards d'envie, et disait dans son cœur : « Si je pouvais! »

Nous avions multiplié les efforts pour trouver ailleurs les conseils et les lumières que nous ne trouvions pas à l'École.

Rien ne nous rebutait, ni le mauvais accueil, ni les déceptions, ni les longues courses inutiles dans les quartiers perdus. Je puis dire que nous avions fait le siège de M. Jouffroy.

Nous avions commencé par le commencement, c'est-à-dire par nous présenter directement chez lui, espérant que notre qualité d'élèves de l'École normale nous ouvrirait la porte. Nous ne fûmes pas reçus. Jean, qui se décourageait moins facilement, y retourna plusieurs fois. Toujours même réponse; parti pris, par conséquent. Nous

priâmes Damiron d'intervenir. Damiron, qui
était le meilleur ami de Jouffroy, refusa
doucement, mais refusa. Nous dûmes comprendre qu'il protégeait le temps ou la santé
de son ami. Nous prîmes le parti d'écrire.
Jean fit une belle lettre, où il mit tout son
cœur, et à laquelle un maître tel que Jouffroy
ne pouvait être insensible. Il reçut en réponse un billet très court, plein de conseils bienveillants, qui, au fond, était un
refus. Il était clair que Jouffroy ne voulait
ou ne pouvait pas se faire notre professeur,
ou notre directeur de conscience.

J'ai su depuis, quand j'ai pu vivre dans
son intimité, qu'il lui restait sur les pro-
blèmes de la religion une susceptibilité ma-
ladive. Nos questions l'auraient fait souffrir.
Le temps lui aurait manqué pour pousser à
fond avec nous. Il ne savait pas s'il s'agissait d'une inquiétude de surface, ou d'une
recherche intelligente et passionnée. Il était
bon, sans être expansif. Autant il se livrait
à ses amis, autant il était réfractaire aux
nouvelles amitiés.

Battus de ce côté, nous avions pensé au
clergé. Nous assistâmes le jeudi aux cours

de théologie qui se faisaient ce jour-là. Je m'en lassai assez vite. Jean s'obstina, et, en réalité, n'y gagna rien. De mon côté, je me présentai chez M. Anadèle. Le nom vous est peut-être inconnu. Il passait, dans un certain milieu, pour ce que l'Évangile appelle un pêcheur d'âmes. Il était alors, si je ne me trompe, procureur général des lazaristes. Il a été depuis supérieur de la communauté. Il me reçut avec gravité et bonté. Je lui parlai de Jean ; je lui dis notre histoire. Il me dit nettement qu'il ne recevrait Jean qu'après avoir été sollicité ; qu'il voulait avoir quelque garantie de la solidité de son caractère ; qu'il avait quitté trop vite et avec trop d'éclat le séminaire ; qu'il y aurait été mieux que dans le monde pour éclaircir ses doutes ou les discuter avec lui-même. Je trouvais au contraire que mon ami avait agi avec droiture et franchise. Ce fut un grand dissentiment entre le vénérable prêtre et moi. Parlant de moi, il me dit qu'il se chargerait avec bonheur de la direction de mon âme, et qu'il espérait me ramener « à la foi des simples » ; mais qu'il n'était ni dialecticien, ni professeur, qu'il n'était que confesseur, et qu'il était prêt, sur l'heure, à m'entendre.

— Ce n'est pas, me dit-il, une profession de foi, car il ne saurait être question d'absolution ; ce n'est qu'un acte d'humilité et de bon propos.

Je n'étais pas venu pour cela. Je lui dis que je ne pouvais me résoudre à une démarche qui ressemblait à une adhésion, quand je ne sentais en moi qu'un vif désir, et peu d'espérance. Il se rendit sur-le-champ, comme un médecin qui ne veut pas forcer la confiance du malade, et me demanda si je suivais les conférences de l'abbé Lacordaire.

— Il les fait pour les étudiants incrédules qui regrettent leur incrédulité, me dit-il. C'est bien l'état de votre esprit. Allez l'entendre, menez-y Jean Le Bris. Faites-moi part de vos impressions, et, quoique je ne veuille pas entrer en controverse avec des philosophes de votre force, ajouta-t-il en souriant, comptez sur mon expérience et sur mes conseils.

J'eus plus tard l'occasion de raconter cette conversation à M. Cousin.

— Voyez, me dit-il, quelle sagesse dans

ces prêtres! Vous l'auriez peloté dans une conversation. Dès qu'il vous aurait tenu à genoux devant lui, il vous aurait manié et dirigé à sa guise!

*
* *

Nous étions alors en 1834. L'abbé Lacordaire ne releva l'ordre de Saint-Dominique que huit ans plus tard, en 1840. Il n'était pas encore dans le grand éclat de sa réputation d'orateur. Il était surtout connu pour avoir été l'ami de Lamennais et son collaborateur du journal *l'Avenir*. Lacordaire avait fait ses études de droit à Dijon. Il s'y était signalé entre tous les étudiants par sa passion contre le christianisme. Converti tout à coup, il s'était jeté à Saint-Sulpice. Prêtre, il avait pris rang parmi les ultramontains, sous les ordres de Lamennais, qui était le chef du parti. Il écrivit avec lui dans son journal *l'Avenir*. Lamennais était le philosophe, le maître, Gerbet était le théologien, de Coux, le savant, Lacordaire et Montalembert, les apôtres et les polémistes : l'un, ancien aumônier de communauté, l'autre, pair de France, tous deux unis par une ardeur commune et par une étroite amitié. Le procès de *l'école libre* les avait rendus célèbres, et sympathiques aux adversaires mêmes de la liberté qu'ils réclamaient. C'était l'honneur de ce temps de faire bon accueil à toutes les initiatives généreuses. On les combattait, mais on les aimait. On rendait justice à ses ennemis, ce qui est une preuve d'élévation et de force.

Lamennais venait de rompre solennellement avec Rome. Lacordaire n'avait pas hésité entre sa foi et son ami. Pendant que Lamennais commençait un apostolat d'une nouvelle sorte par la publication des *Paroles d'un croyant*, il commençait, lui, son apostolat chrétien par ses conférences du collège Stanislas.

Le collège était situé là où nous le voyons encore; mais il n'avait pas l'étendue et l'importance qu'il a acquises dans ces dernières années. C'était une espèce de petit séminaire ou de pension ecclésiastique, inférieur pour les études aux autres collèges de Paris, mais qui était ou semblait plus rassurant pour les familles chrétiennes. J'y

ai professé la philosophie quelques semaines
seulement, en 1839, pendant qu'Ozanam y
enseignait la rhétorique, avant d'aller prendre
à Lyon possession de la chaire de droit com-
mercial qui fut fondée exprès pour lui. La
chapelle où M. Lacordaire faisait ses conférences ne contenait pas plus de quatre cents
personnes. On ne recevait que des jeunes
gens. A une heure tout était plein. On s'asseyait où l'on pouvait; le plus grand nombre
restait debout. Il y avait des amis ardents et
des adversaires. Tout le monde était anxieux
et respectueux. Personne n'aurait eu l'idée
de venir là comme à une distraction mon-
daine. Lacordaire entrait par une petite porte
donnant sur la sacristie, sans être annoncé ni
accompagné; il était maigre alors; il avait
la figure expressive, des yeux brillants, un
air à la fois ardent et recueilli. Sans sa
soutane noire, on l'aurait pris pour un de
nous. Il ne portait pas de surplis. Il se
mettait à genoux, où il trouvait à s'agenouiller, et montait en chaire après quelques
instants. Il improvisait. C'était la religion
qui parlait. C'était aussi la jeunesse, la jeunesse de son temps. Ses pensées, ses sen-

timents, ses passions, ses préjugés même,
étaient les nôtres, mais dominés, réglés par
la foi et par l'amour
de Dieu. Sa

pensée répondait direc-
tement à la pensée de chacun de nous;
suscitant chez ceux-ci la révolte, chez ceux-
là, une admiration sans bornes: pour per—

sonne, il n'était à côté ou en dehors de la
question. Quand il descendait de la chaire,
on se hâtait de sortir, et les discussions
commençaient, ardentes, passionnées, avant
même qu'on fût dehors. Ce qui dominait
dans l'auditoire, c'était une adhésion enthousiaste. La première fois que je l'entendis, je dis à Le Bris, en retournant à
l'École normale :

— Il sera moine !

Nous amenions chaque dimanche un grand
nombre de nos camarades. En général, ils
se montraient réfractaires. Émile Saisset
manifestait son opposition avec une sorte
de violence.

— Ce n'est rien, disait-il. De la pompe
oratoire; quelques éclairs; un grand vide.

J'étais irrité de ces appréciations, parce
que j'éprouvais tout le contraire : ému tout
le temps, et par moments transporté. Jean
Le Bris était réservé, concentré. Pourtant,
il revint avec moi à chaque conférence, et il
fut le premier à me proposer d'aller voir le
prédicateur chez lui.

Il fallut faire bien des voyages et recourir à des protections, pour arriver à être

reçus. Il nous charma; il nous refusa. Il
nous permit cependant d'aller le voir; nous
y retournâmes deux ou trois fois, sans nous
sentir encouragés à commencer une controverse. Je fus du nombre des étudiants qui
allèrent supplier l'archevêque de Paris de
transférer les conférences de Stanislas à
Notre-Dame. Je regrettai plus tard d'avoir
réussi. Je retrouvai à Notre-Dame le grand
prédicateur; je n'y retrouvai pas, au même
degré, notre maître. Du reste, nous nous
étions repliés sur nous-mêmes, et nous ne
cherchions plus nos appuis et nos directions
au dehors. Le travail de l'École devenait
absorbant, comme il l'est toujours à la fin
de l'année, à l'approche des examens. J'étais
remonté à la tête de ma section. J'étais sûr
d'être classé en philosophie, mais il fallait
un dernier et vigoureux effort. L'absence
d'instruction première m'avait obligé de
renoncer à l'histoire, que j'aurais préférée.
Je commençais à être désabusé de la métaphysique, et je me promettais déjà de me
consacrer à l'étude des questions sociales
et politiques. Je n'avais d'ailleurs jamais eu
de doutes sur les grandes vérités de la reli-

gion naturelle, et je pouvais, sans scrupule, aborder l'enseignement. J'y portais même, à ces commencements, une ardeur d'apôtre. Je passai toute ma troisième année entre Platon et Aristote, comme l'exigeait le programme d'agrégation, et je devins de plus en plus le familier de M. Cousin.

Je me sers à dessein du mot de familier, car il n'avait pas de favori. Je crois qu'il avait besoin de penser tout haut; et, pour penser tout haut, il lui fallait à ses côtés un compagnon, dans l'oreille duquel il versait son éloquence. Il l'aimait mieux intelligent que stupide; mais si l'intelligent n'était pas là, il se contentait de l'autre. Combien de fois ai-je vu de mes amis sortir tout enorgueillis de son cabinet, en disant :

— Il vient de m'exposer toute sa doctrine!

Cousin se trompait aussi dans ces occasions, malgré sa connaissance des hommes et la pénétration de son esprit; parce qu'il savait gré à l'auditeur des belles choses que lui, Cousin, avait dites.

Jean Le Bris fut l'auditeur de 1835, comme je devais être l'auditeur de 1836. Tout alla bien pour Le Bris dans les premiers temps. Cousin s'apercevait qu'il était compris, et il s'en réjouissait. Une de ses grandes qualités était le culte du talent. Il le devinait et il le poussait, jusqu'au moment où il commençait à le craindre. Il y eut. entre Le Bris et lui, quelques escarmouches. Un jour, par exemple, où Cousin entreprenait le panégyrique de Talleyrand, Le Bris se récria :

— Je ne souhaite qu'une chose, dit Cousin, c'est d'être chargé un jour de faire son éloge au nom de l'Académie.

Talleyrand avait alors quatre-vingts ans. La discussion fut assez vive. Le Bris se le reprochait.

— Mais comment faire ?... disait-il. Ce Talleyrand a passé sa vie à mentir et à trahir.

Des scènes analogues eurent lieu entre eux plusieurs fois. A la fin, Le Bris perdit toutes mesures. Cousin était en train de lui expliquer la conduite qu'il devait tenir l'année suivante avec l'aumônier : — Je ne ferai pas cela, dit Le Bris; le langage qu'il devait tenir à l'évêque : — Je ne dirai pas cela, dit encore Le Bris.

— Comment, monsieur, je ne suis donc pas maître de mon régiment!

— Je n'ai et n'aurai jamais d'autre maître que ma conscience.

Cousin s'adoucit aussitôt :

— Qui parle, dit-il, de violenter votre conscience? Je parle d'une règle de conduite sage, prudente, conforme à l'intérêt de l'Université et à celui de l'État; et j'entends que vous la suiviez.

— J'ai fait tous mes efforts pour croire à la religion révélée, répondit Le Bris; mais j'ai été en quelque sorte terrassé par l'examen des textes et l'étude attentive des doctrines. Je ne dois, ni ne veux, ni ne puis le dissimuler. Il faut que le père sache à qui il confie son enfant.

— Monsieur, il le confie à l'État; il me le confie, à moi, qui suis votre chef...

Vous voyez la suite de cette conversation. Le Bris me la rapporta mot pour mot, le soir même. On était à la veille de l'agrégation.

— Savez-vous bien, lui dit Cousin, que j'ai le droit de vous rayer de la liste des candidats?

Je crois qu'il ne l'aurait pas rayé, qu'il l'aurait placé dans un centre peu périlleux, et qu'il aurait surveillé avec soin son enseignement. Je crois aussi que Le Bris était bien capable d'en user avec l'École

normale comme il en avait usé trois ans auparavant avec le grand séminaire. Mais la difficulté fut résolue sans l'intervention de l'un ni de 'lautre. Le travail, l'inquiétude, les contrariétés avaient eu raison de la forte constitution de Jean Le Bris. Il fallut le porter à l'infirmerie; Cousin l'y visita plusieurs fois; il s'occupa de son bien-être; il lui offrit, après sa guérison, une place plus avantageuse que celle qu'il avait le droit d'espérer n'étant pas agrégé. Le Bris refusa. Il fit d'inutiles tentatives pour écrire dans les journaux, chercha des leçons, n'en trouva pas, et, mourant de faim, finit par entrer comme maître d'études dans l'institution Jauffret. Je vis bien vite qu'il n'était pas abattu, et qu'il allait recommencer sa vie. Il fit taire saint Jérôme, donna congé à la philosophie et à la théologie, refusa de voir ses anciens amis (en faisant pourtant une seule exception), et consacra tous ses instants de liberté à écrire un roman, qui est un chef-d'œuvre. Je ne sais comment il parvint à le faire imprimer. M. Ébrard, le petit éditeur de la rue des Jacobins, dont le fils a été inspecteur de l'Université, n'en vendit pas un exemplaire. L'édition a été enlevée, dix ans après, quand l'auteur a été célèbre. On en paye un volume au poids de l'or, depuis qu'il est illustre.

Je lui dis quelquefois, quand nous revenons ensemble d'une séance de l'Académie :

— Te souviens-tu de nos courses à la recherche d'un directeur?

— Oh! dit-il, si j'en trouvais un aujourd'hui, il serait le bienvenu! »

Un directeur! Heureux les hommes, — et les peuples, — qui en ont un!

25

TABLE

TABLE

Préface.   1

Patrie.   3

Haroun-Bey.   25

M. Antoine.   49

Pierre Guérin.   81

Libert. 133

Colas, Colasse et Colette. 191

Un Normalien en 1832 219

Imprimé

PAR LAHURE

pour

ÉMILE TESTARD et Cⁱᵉ, ÉDITEURS

à Paris.